유아교사의 인성증진을 위한 마음교육

저자. **이 혜 진** (Lee hye jin)

- 동국대 불교아동학/사회복지학 (문학사)
- 동국대 대학원 불교아동심리치료학 (문학석사)
- 동국대 대학원 유아교육학 (교육학박사)
- 경주시청 영유아교육기관 컨설턴트 전문(가)위원
- 동국대 불교아동교육연구소 일반연구원
- 경주미술심리치료연구소(심리/비젼)
- (구립)아이솔어린이집 교사
- 한국영유아보육학회 회원
- 한국유아교육·보육복지학회 회원

유아교사의 인성증진을 위한

마음교육

저자 이혜진

인공
연못

책을 내면서

자신을 남에게 보여주기 위한 것이 프로필이라면 과연 내 프로필이 나를 제대로 설명하고 있는지 문득 의문이 들었습니다. 요약된 몇 줄의 글이나 사진 한 장으로 한 사람의 내면이라 할 수 있는 인성을 다 보여주진 못하니까요. 인성은 모든 사람에게 있는 공통적인 속성과 거기에 유동적인 개개인의 속성이 더해져서 그 사람의 인성을 이룬다고 할 수 있을 것입니다.

인성에 관한 다양한 연구 논문을 보면서 매번 느끼는 것은 신기하게도 성품이 좋은 교수님들의 가르침이 있었기 때문에 좋은 논문들이 나온 것이 아닌가 하는 생각을 하게 됩니다. 저 또한 좋은 교수님들께 가르침을 받다보니 제 자신이 아마도 조금은 선한 인성으로 변해가는 과정이 아니었나 생각해 봅니다. 아울러 우리 아이들이 몸도 마음도 밝고 건강하게 자랄 수 있는 것은 선하고 책임감 있는 유아 교사의 역할이 어쩌면 부모의 역할만큼이나 중요한 것은 아닐까 하는 생각을 해 봅니다.

어느 사회에나 마찬가지겠지만 특히 유아교육현장에서는 교사들에 대한 배려와 관심이 중요합니다. 그들의 노고에 대한 꾸준한 존중과 비전을 제시해 교사들의 자존감을 높여주어야 할 것입니다. 그리고 유아교육의 가장 기본이라 할 수 있는 교사의 인성을 향상시킬 수 있는 방안이 다방면으로 모색되어야 합니다. 앞으로도 인간에 대한 폭넓은 이해를 바탕으로 유아교사의 인성교육이 유아에게 미치는 영향에 대한 더 좋은 논문들이 나올 것으로 기대합니다.

'유아교사의 인성증진을 위한 마음교육'은 단순한 이치지만 실제 유아교육현장에서 절실하게 요구되는 인성교육의 중요성을 내포하고 있습니다. 일선에서 우리 아이들을 돌보고 있는 유아교사들에게 희망과 용기를 주는 동시에 그들의 역할이 이 사회에 얼마나 큰 영향을 미치는지에 대한 깨달음이 되는 계기가 되었으면 좋겠습니다.

이 책의 시작은 박사논문이었습니다. 논문을 쓰는 과정이 녹록하지 않았지만 여러 교수님께서 잘 이끌어주셔서 완성이 되었습니다. 옆에서 부족한 제자에게 애정을 주시고 격려해 주신 이수경 교수님, 세세하게 챙겨주신 김혜순 교수님, 늘 자상하게 지켜봐 주신 김세곤 교수님, 논문을 지도해 주신 공병호 교수님, 천향숙 교수님께 감사를 드립니다. 교수님들의 노고와 고마움을 항상 간직하겠습니다. 아울러 이 책이 세상에 나올 수 있었던 건 앞선 연구자들의 피나는 노력이 있었기에 가능한 일이었다는 것도 밝혀둡니다.

이 책이 완성되기까지 옆에서 지켜봐 준 남편과 세 아이들, 그리고 제 논문의 완성을 보지 못하고 돌아가신 시어머님과 늘 격려해 주시는 시아버님, 친정아버지께도 감사한 마음을 전합니다. 끝으로 이 책이 나오게끔 격려해 주신 이수경 교수님께 다시한번 감사를 드립니다.

2024년 2월

목 차

[표 목 차]

[그림목차]

유아교사의 인성증진을 위한 마음교육

본 연구의 목적은 유아교사의 인성, 행복감, 공감능력 및 교사-유아 상호작용 간의 구조적 관계를 알아보는 것에 있다. 이러한 연구목적을 위해 다음과 같이 연구문제를 설정하였다.

본 연구에서 제기한 연구문제는 다음과 같다.

1. 유아교사의 일반적인 배경에 따른 인성, 행복감, 공감 능력, 교사-유아 상호작용의 차이는 어떠한가?

2. 유아교사의 인성, 행복감, 공감 능력과 교사-유아 상호작용 간의 구조적 관계는 어떠한가?
   1) 주요 변인들 간의 인과관계에서 직접 효과가 나타나는가?
      (1) 유아교사의 인성, 행복감과 공감 능력이 교사-유아 상호작용에 각각 영향을 미치는가?
      (2) 유아교사의 인성이 행복감과 공감 능력에 각각 영향을 미치는가?
   2) 유아교사의 인성이 행복감과 공감 능력을 통해 교사-유아 상호작용에 미치는 간접효과가 있는가?
      (1) 유아교사의 인성과 교사-유아 상호작용의 관계에서 행복감은 매개효과를 나타내는가?
      (2) 유아교사의 인성과 교사-유아 상호작용의 관계에서 공감 능력은 매개 효과를 나타내는가?

본 연구에서의 연구방법을 소개하면 다음과 같다.

본 **연구의 대상**은 경상북도에 소재한 55개소 유치원과 294개소 어린이집에 재직하고 있는 교사 349명이었다.

연구 도구로는 유아교사의 인성 척도(전재선, 2011), 유아교사의 행복감 척도(이경애, 2010), 유아교사의 공감 능력 척도(전병성,2003), 교사-유아 상호작용 척도(이정숙, 2003)를 본 연구자가 일부 수정·보완하여 사용하였다.

연구 절차로는 2017년 12월 동국대학교 생명윤리위원회(IRB) 심의와 예비조사 및 본 조사 과정이 있었다. 본 조사는 2018년 1월 15일부터 2018년 2월 13일까지 총 30일간에 거쳐 이루어졌다.

자료 분석은 SPSS WIN version 20.0과 Amos 24.0 통계프로그램을 이용하여 빈도분석, 기술 통계분석, 신뢰도 분석, t-test 및 일원 변량분석, 상관관계분석 및 구조모형 분석 등이 이루어졌다.

본 연구에서 도출된 주요 연구결과를 제시하면 다음과 같다.

첫째, 유아교사의 일반적 배경에 따른 인성은 연령, 최종교육과정, 교육경력, 직위에서만 유의미한 차이가 있는 것으로 나타났다. 유아교사의 일반적 배경에 따른 행복감과 공감 능력은 모두 유의한 차이가 없는 것으로 나타났으나 교사-유아 상호작용은 연령, 최종 교육과정에서 유의미한 차이가 있는 것으로 나타났다.

둘째, 유아교사의 인성, 행복감, 공감 능력이 교사-유아 상호작용에 각각 직접적인 영향을 미치는 것으로 나타났다.

그리고 유아교사의 인성이 교사의 행복감, 공감 능력에 각각 직접적인 영향을 미치는 것으로 나타났다.

또한 유아교사의 인성과 교사-유아 상호작용의 관계에서 행복감과 공감 능력은 각각 매개효과가 있는 것으로 나타났다.

1. 서론

1. 연구의 필요성 및 목적

최근 우리나라에서는 대다수의 영유아들이 보육시설이나 유아교육기관에 재원하고 있다. 또한 그들 중 대부분은 방과후과정반에 속해 있다. 이는 유아들이 하루 일과에서 깨어있는 시간 중 많은 시간을 부모대신 교사들과 생활하고 있음을 의미한다. 바로 교사-유아 간의 상호작용이 매우 중요해지는 이유가 된다.

교사-유아 상호작용(Teacher－Young children interaction)이란 교육의 효과에 영향을 미치는 교수·학습 과정에서 일어나는 행동과 요구에 의한 반응으로 교사와 유아간의 의사소통을 의미한다(김시연, 2014; 박찬옥, 구수연, 이옥임, 2012). 교사의 상호작용은 유아의 행동과 요구에 반응하는 수준을 의미한다. 이러한 수준에 따라 유아의 발달을 최적으로 이끌어 교육적 효과를 극대화할 수 있게 된다(이정숙, 2003).

그렇기에 교사-유아 상호작용은 유아교육의 질을 판단할 수 있는 중요한 요인이 된다(Howes and Smith, 1995). 영유아기에 경험한 사회적 관계가 이후에 맺게 되는 사회적 관계에 대한 기대감의 기초를 형성하게 만들기 때문이다(Miller, 1993). 실제로 영유아기에 경험한 관계는 다른 사람을 이해하기 위한 틀을 제공하며 관계를 맺는 상대와 어떻게 상호작용을 해야 하는가에 대한 지침을 제공해준다고 한다.

교사와 유아가 어떻게 상호작용하는가에 따라 유아와 유아, 유아와 환경, 유아와 교구와의 상호작용 내용이 달라지며 더 나아가서는 유아의 행복한 삶과 전인발달에 영향을 미치고 미래를 변화시킬 수 있다고 알려져 있다. 교사와 유아의 상호작용은 유아의 다양한 발달영역에 영향을 미치는 핵심적인 요인이며(김영희, 박지현, 이은주, 2008), 유아의 학습과 전인 발달을 촉진하고 사회적 관계를 형성하는데 중요한 역할을 한다(유연화,2005;Arnold, McWilliams, and Arnold,

1998).

이처럼 질 높은 교사-유아 상호작용은 유아의 발달과 교사로서의 성장에 매우 중요한 의미를 지닌다. 흔히 교수자로서의 효능감은 교사-유아 상호작용을 얼마나 자연스럽고 효율적으로 수행할 수 있느냐에 상당 부분 달려있다. 이는 유아 교육에서의 전통적 특성인 놀이중심 활동 및 유아 중심 활동의 성과나 과정 평가에서 모두 중요시될 수 있다.

그 동안 교사-유아 상호작용의 영향요인들에 대한 선행연구는 다각도로 이루어져 왔다. 주로 교사의 심리, 행동적 특성과 유아의 심리, 행동적 특성 그리고 다른 환경적 요소 등이다. 본 연구에서는 교사-유아 상호작용 영향요인으로서 교사 자신의 심리, 행동적 특성에 초점을 맞추어 살펴보고자 한다.

우선 교사-유아 상호작용 영향요인으로서 교사 인성을 주목하고자 한다. 인성이란 기본적으로 용어를 사용하는 사람의 관점에 따라 다양하게 정의될 수 있다. 인성(人性)이란 글자 그대로 사람의 성품(性品)이다. 즉 한 사람의 마음의 바탕과 사람됨의 바탕을 가리키는 말이다(남궁달화, 1999). 또한 국립 국어원 표준어 국어대사전에 따르면 모든 인간에게 공통적으로 나타나는 속성일 뿐만 아니라 개인의 독특한 속성으로 사람의 성품, 각 개인이 가지는 사고와 태도 및 행동 특성을 의미한다.

동시에 인성은 사람의 됨됨이, 인격, 성품, 성향, 성격, 기질 등의 다양한 동의어로 사용되기도 한다(남궁달화, 1999). 이러한 용어 사용에 따라 개인의 독특한 행동 양식을 결정하는 선천적인 특성(Miller & Kim, 1988)을 의미하거나, 환경적인 영향으로 형성된 사회적 특성으로의 인성(조난심, 2003; Wynne & Walberg, 1984)으로 이해되기도 한다. 이는 인성을 다차원적이고 종합적인 개념으로 파악하는 것이 아니라 상당히 축소된 개념으로 보는 것이다(이경민, 2010).

그 외에도 인성이란 한 개인이 갖는 개인적이며 사회적인 행동, 지식, 태도와 가치관을 포함한 포괄적인 개념으로서, 개인이 속한 사회 또는 집단의 일원으로 살아가기 위해 요구되는 바람직한 사회적인 개인 특성으로 정의될 수도 있다(전재선, 2011). 이 경우 인성은 인간애 (humanity), 긍정적 자아개념(positive self-concept), 사회관계(social relations), 직무수행(performance of teacher's duties), 창의·인성(creative personality)의 범주로 분류되어질 수 있다. 최근의 인성이라는 용어의 개념화에서는 대체로 미래사회에서 성공적인 삶을 영위하는 데 필요한 핵심역량(key competencies)이 강조되고 있는 추세이다.

교사의 인성이 유아에게 미치는 영향을 살펴보면, 유아의 사회 정서적 문제 행동에 교사의 인성이 부모의 인성보다 더 많은 영향을 미치고 있다(이순복, 2009)고 한다. 실제로 유아의 인성은 친밀한 타인과의 관계에서 시작된다고 볼 수 있다. 하루 일과 중 상당 시간을 교사와 함께 하고 있는 유아들에게는 바람직한 인성을 갖춘 교사와의 상호작용은 유아의 인성 형성에 큰 영향을 미칠 것이기 때문이다(Nodding, 2003, 2006).

다음으로 교사-유아 상호작용의 영향요인으로서 교사의 행복감을 고려해 볼 수 있다. 행복감이란 단순한 쾌락이 아닌 어느 정도 지속되는 전반적인 삶에 대한 주관 적인 긍정적 평가를 의미한다(이은주, 2010). 그 외에도 '행복감이란 자기를 있는 그대로 수용하며, 긍정적인 대인관계를 지속적으로 유지하며, 자신의 행동을 독립 적으로 또는 스스로 조절하는 능력이 있으며, 자신의 잠재력을 실현시키려는 동기가 있는 삶'이라고 정의될 수 있다(Ryff, 1989). 이 경우 긍정적 대인관계, 자율성, 환경에 대한 통제능력, 삶의 목적, 개인적 성장 등으로 설명될 수 있다.

유아교사의 행복은 유아교육 현장 전체에 영향을 미치기 때문에 중요 하다(Barker & Martin, 2009). 유아교사의 행복은 전체적으로 주어진 업무에 만족하고 즐겁게 교사의 역할을 수행하고 능력을 발휘하게 하므로 유아에게도 긍정적으로 영향을 미친다(이경민·최윤정·이경애, 2012). 행복한 유아교사는 삶을 보다 긍정적으로 보고, 더 건강한 생활을 하며, 스트레스에 잘 대처하고 직무에 보다 적극적인 개입을 하고, 만족하며, 열정을 가지고 유아를 대할 것이라 기대할 수 있다(최윤정·이경민, 2012). 이러한 특성을 지닌 행복한 교사는 영유아들과의 상호작용을 통해 직.간접적으로 영향을 주어 영유아들 또한 행복하게 성장할 수 있도록 도움을 줄 수 있을 것이다. 그렇기에 교사들은 당연히 행복해야 한다(신원, 2006; Katz, 1995; Nodding, 2003).

마지막으로 교사-유아 상호작용의 영향요인으로 교사의 공감 능력을 고려해 보고자 한다. '공감(共感)'의 사전적 의미는 "남의 주장이나 감정, 생각 따위에 찬성하여 자기도 그렇다고 느끼는 마음"이다(한국어 사전. 2016). 공감 능력은 다른 사람의 느낌, 감정, 생각 등을 정확히 이해하고 이해된 것을 바탕으로 상대방과 소통하는 능력을 의미한다(최현석, 2011). Rogers(1959)는 공감을 "타인의 내적 틀을 마치 그 사람처럼 정확하게, 그것의 감정적 구성요소와 의미를 자신이 그 사람인 것처럼 지각하는 것"이라고 정의하고 있다. 이처럼 공감은 상호의존 관계를 맺는 중요한 역할을 하며 직장, 가정, 지역사회 등 삶의 모든 영역에서 관계를 형성하는 데 중요한 요인이다(Gordon, M. 2010).

흄(D.Hume)에 따르면 인간은 다른 인간에 대해서 일종의 동료의식 (fellow-feeling)을 가지고 있기 때문에 타인의 고통과 불행에 공감하는 능력을 가지고 있다 고 보았으며, 이 공감 능력에서 도덕성이 시작된다(황금중·김선희·박원재·조경란·이숙인·백민정·한형조, 2015). 이선미(2014)는 공감 능력이란 인지적, 정서적 두 차원을 모두 포함하며 타인의 입장에서 타인의 심리상태와 감정을 마치 자신이 그 사람인 것처럼 지각하는 상태라고 정의하고 있다.

유아교사가 직접 경험해보지 않은 감정일지라도 자신의 감정을 이입하여 유아의 마음을 이해하고 공유하는 공감 능력이 있다면 유아와의 상호작용은 원활하고 효율적일 것으로 기대해 볼 수 있다. Piaget(1932)는 자아 중심적 성향이 극복되고 탈 중심화(decentering)가 이루어질 때 자신과는 다른 상대방의 다른 관점에 대한 이해와 수용이 가능하다고 주장하였다. 또한 선행연구로부터 공감은 정서적 혹은 인지적 정서의 단일 개념이 아니라 다차원을 가진 개념이라고 인식되고 있다. 인지적 측면을 강조한 대표적인 학자들(Chandler, 1974; Rogers, 1957; Selmon, 1971)과 정서적인 측면을 강조한 학자들(Hoffman, 1976)이 존재한다.

이처럼 공감에 대한 정의가 다양하지만 유아교사가 공감 능력을 갖추게 된다면 교사-유아 상호작용 질에 긍정적 효과를 미칠 수 있게 된다고 예측해 볼 수 있다. 심지어 교사의 공감 능력이 교실에서의 또래 괴롭힘과 따돌림도 극복할 수 있게 된다(Scott, 2010)고 보고되고 있다. 서로를 배려하는 따뜻한 교실은 교사가 유아들을 가르치는 이상적인 공간이 된다(Gordon, M, 2010)고 보는 것이다.

전술한 바와 같이 교사-유아 상호작용의 영향요인으로 유아교사의 인성, 행복감, 공감 능력이 모두 어느 정도 예측되고 있다. 그러나 선행연구에서 이들 관련 변인들 간의 관계가 정확히 보고되고 있지 않다. 특히 교사의 일반적 배경 변인에 따라 이들 주요 변인들에서 차이가 나타나는지가 보고된 연구결과가 부족하다. 그러나 교사의 일반적 배경 변인에 따라 주요 변인에서 유의한 차이가 나타난다면 이는 중요한 연구 정보일 수 있을 것이다.

아울러 이들 연구 변인들 간의 구조적 관계가 어떻게 나타나는지 일관된 연구결과가 부족하다. 특별히 유아교사의 인성과 교사-유아 상호작용 간의 관계에서 교사의 행복감이나 공감 능력이 어떠한 역할을 수행하는지 명확하게 드러나 있지 않다. 이를 위해 연구 변인들 간의 전체적인 구조적 관계가 분석돼, 이들 변인들 간의 이동 경로와 직·간접효과가 어떻게 나타나는지 정확하게 규명될 필요가 있을 것이다.

따라서 본 연구에서는 유아교사의 인성, 행복감, 공감 능력 및 교사-유아 상호작용의 구조적 관계를 정확히 파악해 보고자 한다.

이상의 연구 목적을 달성하기 위해서 다음과 같은 연구 문제를 설정하였다.

2. 연구문제

연구 문제 1. 유아교사의 일반적인 배경에 따른 인성, 행복감, 공감능력, 교사-유아 능력, 교사-유아 상호작용의 차이는 어떠한가?

연구 문제 2. 유아교사의 인성, 행복감, 공감 능력과 교사-유아 상호작용 간의 구조적 관계는 어떠한가?

1) 주요 변인들 간의 인과관계에서 직접 효과가 나타나는가?

(1) 유아교사의 인성, 행복감과 공감 능력이 교사-유아 상호작용에 각각 영향을 미치는가?

(2) 유아교사의 인성이 행복감과 공감 능력에 각각 영향을 미치는가?

2) 유아교사의 인성이 행복감과 공감 능력을 통해 교사-유아 상호작용에 미치는 간접효과가 있는가?

(1) 유아교사의 인성과 교사-유아 상호작용의 관계에서 행복감은 매개 효과를 나타내는가?

(2) 유아교사의 인성과 교사-유아 상호작용의 관계에서 공감 능력은 매개 효과를 나타내는가?

3. 용어의 정의

본 연구에서 사용하는 용어는 다음과 같이 정의할 수 있다.

1) 인성

인성이란 용어를 사용하는 사람의 관점에 따라 사람의 됨됨이, 인격, 성품, 성향, 성격, 기질 등의 다양한 동의어로 사용되고 있다(남궁달화, 1999). 인성이란 한 개인이 갖는 개인적이며 사회적인 행동, 지식, 태도와 가치관을 포함한 포괄적인 개념으로서, 개인이 속한 사회 또는 집단의 일원으로 살아가기 위해 요구되는 바람직한 사회적인 개인 특성으로 정의되고 있다(전재선, 2011).

본 연구에서 인성은 전재선(2011)이 제작한 척도의 하위 요인인 인간애(humanity), 긍정적 자아 개념(positive self-concept), 사회관계(social-relations), 직무수행 (performance of teacher's duties), 창의·인성 (creativ epersonality) 총 5개 범주의 문항의 총점을 뜻한다.

2) 행복감

행복감이란 단순한 쾌락이 아닌 어느 정도 지속되는 전반적인 삶에 대한 주관적인 긍정적 평가를 의미한다(이은주, 2010). 또한 '좋은 삶이란 자기를 있는 그대로 수용하며, 긍정적인 대인관계를 지속적으로 유지하며, 자신의 행동을 독립적으로 또는 스스로 조절하는 능력이 있으며, 자신의 잠재력을 실현시키려는 동기가 있는 삶'이라고 정의되기도 한다(Ryff, 1989).

본 연구에서의 행복감은 Ryff(1989)가 개발한 심리적 안녕 감척도 (PWBS)를 이경애(2010)가 연구 목적에 맞게 수정한 척도를 사용하여 측정된 문항들의 총점을 뜻한다.

3) 공감 능력

공감 능력이란 인지적, 정서적 두 차원을 모두 포함하며 타인의 입장에서 타인의 심리상태와 감정을 마치 자신이 그 사람인 것처럼 지각하는 상태(이선미, 2014)이다. 또한 유아교사가 직접 경험해 보지 않은 감정일지라도 자신의 감정을 이입하여 유아의 마음을 이해하고 공유하는 능력을 의미하며, 하위 요인으로는 타인의 내적 심리의 상태를 추론하는 인지적 능력이 있고 타인의 정서적인 상태를 파악하여 대리 경험할 수 있는 정서적 능력이다(전병성, 2003)로 정의되고 있다.

본 연구에서 공감 능력은 선행연구(Brayant, 1982; Davis, 1980; Mehrabin & Epstein, 1972)를 기초로 전병성(2003)이 재구성한 척도를 사용하여 측정된 문항들의 총점을 의미한다.

4) 교사-유아 상호작용

교사-유아 상호작용(Teacher-Young children interaction)이란 교육의 효과에 영향을 미치는 교수·학습 과정에서 일어나는 행동과 요구에 의한 반응으로 교사와 유아간의 의사소통을 의미한다(김시연, 2014; 박찬옥, 구수연, 이옥임, 2012). 또한 교사가 유아의 행동과 요구에 반응하는 수준을 의미한다(이정숙, 2003)고 정의되기도 한다.

본 연구에서 교사-유아 상호작용이란 교사-유아 상호작용과 관련된 여러 선행 연구를 참조하여 이정숙(2003)이 수정·보완한 척도를 사용하여 측정된 총점을 의미한다.

Ⅱ. 이론적 배경 및 선행연구 고찰

1. 교사－유아 상호작용

1) 교사－유아 상호작용의 개념

교사－유아 상호작용이란 교육의 효과에 영향을 미치는 교수학습과정에서 일어나는 교사와 유아 간 의사소통을 의미하는 것으로(최미애, 2000) 유아교육기관에서 교사가 보육프로그램 안에서 유아를 매일매일 보육하는 과정에서 보여주는 전반적인 태도와 행동을 말한다. 중앙보육정보센터(2006) 보고서에 의하면 교사-유아 상호작용은 말 그대로 상호적 관계라는 측면을 고려할 때 영유아를 배려하는 상호 작용은 교사에게도 성숙된 인간으로 성장할 수 있는 중요한 계기가 될 수 있다. 이처럼 교사-유아 상호작용의 질은 보육의 질에 영향을 주는 중요한 변인이며, 나아가 유아의 발달과 유아의 또래관계와도 밀접한 관련성이 있다. 유아가 매일매일 경험하는 양질의 경험은 사회적, 정서적, 인지적 발달을 돕고 촉진시킬 수 있으며, 유아 교육기관에 와서 유아들이 얻는 양질의 경험은 교사-유아와의 상호작용을 통해 상당 부분 이루어진다는 연구결과(김영희, 박지현, 이은주, 2008; Amold, McWillians, and Amold, 1998, 유연화, 2005)가 있다.

유아들에 대한 상호작용은 유아의 전반적인 성장 발달에 영향을 미치고 교육의 효과성을 결정하는 중요한 요인이라는 관점에서 볼 때, 유아 교육기관의 교사는 교육의 질을 대변하는 인적 환경요소라고 할 수 있다(Kruif, Mcwilliam. & Radlerz. 2000).

첫째, 정교화형은 교사들은 대체로 왜, 어떻게 라는 질문을 많이 사용하여 유아의 흥미와 반응에 기초한 다양한 상호작용 전략을 구사한다. 예를 들어 활동에 참여하지 않는 유아들에게 새로운 활동을 소개하거나 유아들의 노력을 칭찬한다. 여러 유형 중에서 유아의 활동 방향을 바꾸는 행동이 가장 적고 유아들의 활동을 좀 더 확장시키거나 활동을 정교하게 하여 활동의 질을 높인다. 유아의 흥미를 따르고 칭찬하고 유아의 욕구를 충족시키기 위한 노력을 가장 많이 하는 유형이다.

둘째, 통제형은 교사들은 유아들에게 새로운 활동을 소개하거나 방향을 바꾸며 과제지향적인 질문을 많이 한다. 유아가 이미 하고 있는 활동과 관련이 있는 것만을 하도록 하고 유아들의 노력에 대한 칭찬이나 인정을 거의 하지 않는다.

셋째, 비정교화형은 교사들은 유아들에게 매우 반응적이지만 유아의 활동을 좀 더 확장시키거나 정교한 활동이 되도록 조장할 수 있는 특별한 행동이나 언어적 반응을 거의 하지 않는다. 주로 [what]과 [where]의 질문을 한다. 유아들에게 무언가를 하게 할 때 유아들이 선택을 하고 대화에 참여하도록 계획이 되어 있어도 좀 더 세부적인 반응을 나타내려는 시도가 거의 없다. 즉, 교사들이 유아들에게 좀 더 많은 정보를 주거나 격려하기보다 주로 활동에 대한 설명을 할 뿐이다.

넷째, 중간형의 교사들은 때때로 유아들의 놀이 방향을 바꾸어 주기도 하고 활동을 확장시키거나 새로운 활동을 소개하기도 하며, 유아의 흥미를 따르며 가끔 정보도 제공하고 유아들을 인정하고 칭찬도 한다.

이러한 교사의 행동과 관련한 이윤경과 김여경(2004)은 '교사-유아 상호작용 유형과 영유아 교육 프로그램 질과의 관계'라는 연구에서는 교사의 상호작용 행동유형을 분류하면서, 우리나라 유아교육기관의 교사는 유아들의 흥미와 반응에 기초한 상호작용 행동들을 많이 사용하며 유아의 활동 방향을 바꾸는 행동은 적게 사용한다고 하였다. 이러한 결과에 의하면 우리나라 교사들은 유아들의 활동을 정교화하게 확장시켜주는 유형인 정교화형이 가장 바람직하다고 생각하는 것으로 보았다(김시연, 2014).

이상에서 살펴본 것을 종합해 보면, 교사-유아 상호작용은 유아가 매일매일 경험하는 양질의 경험이 언어적, 정서적, 행동적 발달을 돕고 촉진시킬 수 있으며, 유아교육기관에서 유아들이 얻는 양질의 경험은 교사-유아와의 상호작용을 통해 교육·보육의 질에 상당부분 영향을 미친다고 할 수 있다.

2) 교사-유아 상호작용의 중요성

앞에서 살펴본 바와 같이 교사-유아 상호작용이란 교육의 효과에 영향을 미치는 교수, 학습과정 중의 모든 교사와 유아의 접촉을 의미하는 것으로 교육적 효과를 좌우하는 결정적인 요인이 된다. 또한 교사-유아 상호작용은 유아의 전반적인 성장과 발달에 도움을 줄 뿐 아니라 유아교육기관 프로그램의 질을 평가할 수 있는 척도라고 할 수 있다(최미애, 2000).

Wittmer & Petersen(2006)에 의하면 유아는 교사와의 상호작용을 통해 지식과 정보를 익히고 내면화하는 교육적, 보육적 도움을 받으며 이러한 교사의 상호작용은 유아의 학습과 발달에 중요한 영향을 미치고 유아교육 프로그램의 질을 결정하는 가장 중요한 역할을 한다고 하였다. Howes(1997)는 애착 형성 과정에 있는 어린 영아의 경우 안정된 애착이 형성될 수 있도록 정서적 배려가 강조된 상호작용이 매우 중요하다고 하였다. Kontos와 Wilcox-Herzog(1997)은 영유아가 교사와 빈번하게 상호작용할 때 교사에게 더욱 안정적인 애착을 보인다고 하였고, 영유아의 교사에 대한 안정된 애착은 영유아의 사회적, 인지적 능력을 향상시킬 수 있다고 주장하였다. 또한 유아교사가 언어적인 의사소통과 반응을 많이 할수록 유아들은 높은 수준의 언어발달을 보였다고 하였다.

유아교육기관에서 유아들의 경험은 일상적인 생활에서부터 형식적인 교육 활동까지 대부분 교사나 또래들 간의 상호작용에 기초하여 이루어지기 때문에 그 상호작용의 질은 보육의 중요한 질적 측면이며 특히, 교사는 흥미로운 활동을 제공하고 유아 행동에 적절히 관여하고 유아와의 놀이나 대화를 지속하면서 유아의 사회적 상호 작용을 고무시키는 역할을 할 수 있다(강인숙, 2002). 이와 관련하여 Wittmer & Petersen(2006)은 유아를 보육하는 교사의 자질로 유아를 좋아하고 따뜻하고 친밀하고 유머감각이 있는 것이 중요하다고 하였고, 교사가 보육활동을 하는 동안 개별 유아의 기질, 기분, 선호, 일상을 존중하도록 하는 방법을 아는 것이 중요하다고 하였다.

이상에서 교사-유아 상호작용의 중요성을 정리하면 유아는 교사와의 상호작용을 통해 지식과 정보를 익히고 내면화하는 교육적·보육적 도움을 받고, 이러한 교사의 상호작용은 유아의 학습과 발달에 중요한 영향을 미치고 유아교육 프로그램의 질을 결정하는 가장 중요한 역할을 담당하게 된다고 할 수 있다.

3) 교사-유아 상호작용이 교사-유아 상호작용에 미치는 영향

교사-유아 간 상호작용에 영향을 미치는 변인인 교사의 학력, 경력, 교육연수 경험, 유아발달에 대한 지식, 유아교육에 관한 훈련 정도 등에 대하여 살펴보면 교사의 교육수준이 높고 유아 발달에 대한 지식이 많고 유아교육에 대한 훈련을 많이 받은 교사가 유아와의 상호작용에 더욱 긍정적인 것으로 나타났다(Kontos & Fiene, 1987). Rosenthal(1994). 이것은 유아 발달 및 전문적인 유아교육을 받은 교사들이 유아들과의 상호작용에 있어 보다 질 높은 상호작용을 한다는 것을 의미하는 것이다. 유아의 학습과 발달을 지원하기 위해서 교사는 유아들의 흥미나 관심, 주변 세계에 대한 유아들의 지각에 민감하여야 하며 이를 적극적으로 활용하는 교사의 다양한 상호 작용 행동이 요구된다.

언어적 상호작용의 효과를 밝힌 연구들을 보면, 김태희(1998)는 교사가 개방적인 질문을 많이 사용한 집단이 폐쇄적 질문을 많이 사용한 집단보다 영·유아의 사고를 확장시키는 언어적 반응의 길이가 길어졌다고 하였다. 또한 개방적인 언어를 많이 사용하는 교사의 학급에서는 영·유아들이 또래와의 긍정적인 상호작용과 교사와의 긍정적인 상호작용을 더 많이 하는 것으로 나타났다(민송이, 1994). Holloway & Reichhart-Erickson(1988)은 교사가 높은 수준의 질문을 사용하였을 때 유아의 언어적, 인지적 검사 점수가 높게 나타났으며 교사-유아 상호작용의 빈도와 강도가 유아의 사회적 지식과 기술에 영향을 준다고 하였다.

행동적 상호작용의 효과를 밝힌 연구 중, Day와 Sheedan(1974)은 교사-유아 상호작용의 양은 유아가 참여하는 활동 유형과 관계가 있으며, 상호작용을 많이 할수록 다른 사람과 협동을 많이 하고, 교사에게 신뢰를 나타낸 반면, 상호작용을 적게 할수록 부주의하고 신체적인 공격이 많이 나타났다. 또한 교사의 배경변인과 교사-유아 상호작용의 차이를 살펴본 오승민(2012)의 연구를 보면, 교사-유아 상호작용 하위 요인인 정서적·언어적·행동적 상호작용에서 교사 배경 변인인 기관 유형별로 통계적으로 유의한 차이는 보이지 않았지만, 어린이집 교사보다 유치원 교사가 교사-유아 상호작용이 더 높은 것으로 나타났다. 유아의 성별 연령별 교사-유아 상호작용을 보면, 여아가 남아보다 높은 것으로 나타났으며, 연령이 높은 유아보다 연령이 적은 유아일수록 교사와의 상호작용이 높은 것으로 나타났다(최선희, 2009).

교사-유아 상호작용 중에서 정서적 상호작용의 효과를 밝힌 선행연구를 보면, Hestense, Kontoser와 Bryan(1993)은 교사-유아 상호작용이 유아의 정서표현에 미치는 영향에서 교사가 유아와 상호작용하는 수준이 높을수록 유아는 긍정적인 정서 표현을 많이 하였고, 상호작용의 수준이 낮을수록 부정적인 정서표현을 많이 하였다고 한다. 또 Vandell, Henderson와 Wilson(1988)은 유아교육의 질에 따른 경험의 차이를 종단연구로 4세와 8세 때 조사한 결과, 4세 때 교사와 긍정적인 상호작용을 많이 하였던 유아는 8세 때 사회적으로 더 유능하였고, 또래로부터 보다 수용적이었으며 감정이입을 잘 하고 갈등을 잘 타협하며 보다 덜 충동적이었다고 한다.

한편, 유아교육 프로그램 평가 척도 중에서 선행연구에서 교사-유아 상호작용을 평가하고 있는 평가 척도로는 The assessment profile for early-childhood program (이하 APECP)평가 척도, The national association for the education of young children(이하 NAEYC) 인정기준, The national childcare accreditation council(이하 NCAC) 인정기준, 이은해·이기숙(1996)의 유아교육 프로그램 평가척도, 한국 교육개발원의 평가기준 등을 많이 활용하고 있는 것으로 파악되었다.

2. 유아교사의 인성

1) 인성의 개념

인성(人性)이란 글자 그대로 사람의 성품(性品)이다. 즉 한 사람의 마음의 바탕과 사람됨의 바탕을 가리키는 말로(남궁달화, 1999) 모든 인간에게 공통적으로 나타나는 속성일 뿐만 아니라 개인의 독특한 속성으로 사람의 성품, 각 개인이 가지는 사고와 태도 및 행동 특성을 의미한다(국립 국어원, 표준어국어대사전).

교육과학기술부(2010)는 인성의 대표 덕목으로 자존감, 공감, 예절, 나눔, 양심, 책임 등을 들었다. 우종옥(2010)은 인간은 자신이 속한 사회 일원으로 살아가기 위해 주변 사람들과의 관계를 발전시키는 특성이 있는데, 인성이란 인간다운 마음과 행동 그리고 개인의 순응성과 감성능력 및 사회 규칙에 대한 이해력과 적응력, 도덕성이라 말한다고 하였다.

인성의 개념은 성품 혹은 품성, 기질, 개성, 성격, 사람됨, 전인성, 인격, 도덕성 등 매우 다양한 의미로 사용되어 왔으며, 이를 바탕으로 최근에 이루어지고 있는 인성 개념 논의에는 대체로 미래사회에서 성공적인 삶을 영위하는데 필요한 핵심역량(key competencies)이 강조되고 있다. 핵심역량에는 공감 능력, 소통능력, 갈등해결능력, 문제해결능력, 대인관계능력 등을 포함한다(정창우·손경원, 2012).

본 연구에서는 앞에서 언급한 바와 같이 이러한 개념들을 고려하여 전재선(2001)이 정의한 '한 개인이 갖는 개인적이며 사회적인 행동, 지식, 태도와 가치관을 포함한 포괄적인 개념으로서, 개인이 속한 사회 또는 집단의 일원으로 살아가기 위해 요구되는 바람직한 사회적인 개인특성으로 인성을 정의하였다.

2) 유아교사 인성의 중요성

유아교육법은 「교육 기본법」에서 '학교교육은 학생의 창의력 계발 및 인성(人性) 함양을 포함한 전인적(全人的) 교육을 중시하여 이루어져야 한다.'(국가법령정보센터)라고 명시하고 있다. 인성교육 진흥법(국가법령 정보센터) 1조에서도 '「교육 기본법」에 따른 교육 이념을 바탕으로 건전하고 올바른 인성(人性)을 갖춘 국민을 육성하여 국가 사회의 발전에 이바지함을 목적으로 한다'라고 명시하고 있다. 이와 같이 교육의 궁극적인 목적은 새로운 지식과 경험의 습득과 함께 바람직한 인성을 형성시키기 위한 것이므로 교사의 바람직한 인성 또한 중요하다. 왜냐하면 유아기는 교사의 태도, 성격, 행동, 말투, 등을 모방하는 경향이 강한 시기이므로(김영옥·장명림·유희정, 2009) 교사의 인성적 자질은 교수·학습에 결정적인 영향을 준다는 것을 알 수 있다(정혜영, 2004).

다시 말하면 교사의 인성적 자질은 교사의 역량인 동시에 바람직한 유아의 인성에 결정적인 영향을 주는 것이라고 할 수 있다.

3) 유아교사 인성이 교사-유아 상호작용에 미치는 영향

유아교사는 교사의 직무를 바르게 수행하고, 갖추어야 할 자질이나 덕목이 무엇인지 알고, 행복한 교사로서 성공적인 인성교육을 실행함으로써 유아가 행복하게 자랄 수 있도록 도와야 한다.

전인적 발달의 기본 틀이 형성되는 유아기의 발달적 특성을 고려할 때, 유아교사에게 필요한 교과지식이나 교수능력과 같은 전문성에 앞서 바람직한 인성이 갖추어져야 한다는 점이 강조된다. 교사의 인성이 유아에게 미치는 영향에 관한 연구의 일례로 유아의 사회정서적 문제행동에 부모의 인성보다 교사의 인성이 더 많은 영향을 미치고 있다는 연구(이 순복, 2009) 결과를 고려하면, 유아 인성교육이나 부모의 인성교육에 앞서 유아교사의 인성교육을 우선하여 준비하고 실시하여야 할 것이 요구 된다. 유아의 인성은 친밀한 타인과의 관계에서 시작되며, 많은 시간을 함께 하는 교사와의 상호작용은 유아의 인성을 증진시키는 관건이 되므로 바람직한 인성을 증진시키는 관건이 되므로 교사가 바람직한 인성을 갖추는 것이 우선시 되어야 한다(Nodding, 2003, 2006).

훌륭한 인성과 성품을 갖춘 교사는 수업을 처음부터 끝까지 근원적인 인간화 과정으로 생각하는 관점에서(Hamachek, 1992) 사람됨의 가치를 우선에 두고, 영유아의 발달 과정에서 교사가 가진 훌륭한 인성 특성이 영유아의 모델이 된다면 올바른 인간 형성의 교육목표를 달성할 수 있을 것으로 본다. 또한 인성의 개념을 바탕으로 교사가 가져야 할 가치 있는 인격적 특성을 맥락화한 개념으로 교사로서 갖추어야 하는 인간적 성품과 교사 성품을 포함하는 것을 교직 인성이라고 정의한다(김순환·박선혜·남옥선,2014). 미국의 32개 교원양성기관에서 제시하고 있는 예비 교사의 핵심적 교직 인성 구성요소를 분석한 결과 의사소통, 협력, 윤리의식, 정의감, 책임감, 자기조절, 반성적 실천, 지속 배움, 존중 등 9개 요소이다. 우리나라에서는 교사의 인성이 유치원 교원의 교원 핵심 역량 영역에서 다 이루어지고 있으며 그 내용은 유아에 대한 이해, 교육과정 운영, 평가의 이해 및 실행, 대인관계 및 의사소통 실천, 학급 운영, 교직 인성 및 전문성 개발 등으로 되어 있다(신은수·박은혜·조운주·이경민·유영의·이진화·이병호, 2011).

유아교사 직무연수에서 기존의 교사의 윤리의식 중심의 한두 강좌에서 인성 관련 주제-자기개발, 창의성, 창의·인성, 다문화 이해 등이 세분화된 주제로 개설하여 매년 증가하는 추세에 있으며, 일부 학교의 전공과목이나 실습과목으로 유아교사 인성 및 생활교육을 채택하고 있다(전재선·최종욱, 2012).

3. 유아교사의 행복감

1) 행복감의 개념

국립 국어원 표준국어대사전에 의하면 행복의 사전적 의미는 '생활에서 충분한 만족과 기쁨을 느끼는 마음', '또는 그런 느낌'으로 외부 조건이나 우연보다는 개인의 잠재된 재능과 특성을 개발하고, 올바른 환경 속에서 열심히 노력하면 인간의 모든 정신활동을 향상시킬 수 있다 (Seligman, 2002)고 한다. 인간은 누구나 행복해지고 싶어 하며, 행복은 당사자뿐 아니라 가족, 지역공동체, 사회, 국가에 지대한 영향을 가져다준다.

아리스토텔레스는 행복은 '생의 의미와 목적'이고 '인간 존재가 추구하는 목적의 전부이자 궁극'이라고 말함으로써 행위로 얻을 수 있는 가장 좋은 것들 중에 최고의 것이 행복이며 모든 사람들에게는 행복감을 느끼는 것이 무엇보다도 중요하다고 하였다(김홍순, 2005;이수정·안신호, 2005). 행복의 비결은 필요한 것을 얼마나 갖고 있는가가 아니라 불필요한 것에서 얼마나 자유로워져 있는가에 있다. '위에 견주면 모자라고 아래에 견주면 남는다'는 말이 있듯 행복을 찾는 오묘한 방법은 내 안에 있다(법정·류시화, 2006). 즉 과거에는 개인을 둘러싼 객관적인 조건(의·식·주) 등에서 느꼈지만 지금에는 이러한 조건을 갖춘 이들 역시 행복감을 느끼지 못하는 경우가 많다.

다시 말하면 행복감이란 개인을 둘러싼 객관적인 여러 조건들보다 그 조건에 대하여 주관적으로 느끼는 만족감과 관련이 있는 것이라고 볼 수 있다는 연구(조설 희, 2005)가 있다. 틱낫한(2002)은 우리의 마음을 밭에 비유하며 그 밭에는 기쁨, 사랑, 즐거움 같은 긍정적인 씨앗이 있는가 하면 짜증, 우울, 절망 같은 부정적 씨앗도 있다고 하였으며 긍정적 씨앗에 물을 주려 노력해야 자신의 마음을 다스리는 평화와 행복의 길을 만든다고 하였다.

이상에서 살펴본 유아교사 행복감에 개념은 주관적인 것이며 개인의 경험 내에 존재하는 것으로, 삶의 긍정적이고 적극적인 면을 반영하며, 개인 삶과 모든 삶에 대한 지속적인 노력과 평가를 말한다고 할 수 있다.

2) 유아교사 행복감의 중요성

행복주의는 자기실현적 입장으로 행복은 삶의 최대 목적이며, 행복의 실현을 도덕적 이상으로 삼는다. 즉, 좋은 삶과 가치있는 삶을 위해서 스스로가 가장 원하는 것이 무엇인지를 명확히 알아야 하고, 그것을 통해 최고의 선을 추구해 나감으로써 행복해질 수 있다는 것이다. 행복에 대한 관점은 최근 긍정심리학의 발전으로 과학적인 방법을 통한 연구들이 활발히 진행되고 있다(방정주, 2008). 행복감을 과학적으로 연구하는 학자들은 행복감이란 개인이 스스로 선택한 기준에 따라 자기 자신의 삶을 긍정적으로 평가할 때 느끼게 되는 심리상태라고 본다(이훈 구, 1997).

Seligman(2002)은 행복의 구성개념을 인지적 측면과 정서적 측면으로 구분하였다. 인지적 측면은 개인의 평가적 판단을 수반하는 개념이며, 정서적 측면은 긍정적 감정을 자아내는 개념으로 '행복' 용어 대신 '주관적 안녕감'이라고 하였다(최윤정, 2009). Diener(1984)는 주관적 안녕감을 개인이 자신의 삶을 긍정적으로 인식하고 경험하는 주관적인 심리상태라고 하였다(권석만, 2008).

Veenhoven(1991)은 주관적 안녕감이란 개인이 자신의 삶의 질적인 수준을 느끼고 판단하고 인식하는 기준의 정도라고 하였다(정보미, 2012).

한편 행복을 주관적 안녕감으로 보는 관점에 대해 Ryff(1989)는 주관적 안녕감이 한 개인의 삶의 질을 얼마나 잘 반영하겠는가에 대해 의문을 제기하며, 주관적 안녕감은 개인의 주관적인 삶의 질에 대한 넓은 범위의 의미를 담고 있지 못하다는 점에 대해 비판하면서 개인의 삶을 좀 더 폭넓게 이해할 수 있다는 '심리적 안녕감'을 주장하였다(김명소·김혜원·차경호, 2001).

심리적 안녕감은 단순한 기쁨의 감정이나 즐거움, 만족감이 아니라 개인의 참된 삶의 질을 높이기 위한 노력으로 본다(임수진·여은진·이혜원, 2013). 그는 행복감과 관련된 심리학적 이론을 기초로 하여 6개의 차원으로 이루어진 개인의 삶의 질, 즉 행복감을 측정할 수 있는 심리적 안녕감 척도를 개발하였다(권영호, 2007).

행복한 사람은 자신의 생각과 상황에 맞추어, 긍정적이고 적극적으로 생활하며, 자신의 삶의 모든 측면에 대해 전반적인 평가를 하여 자신이 중심이 되어 살아간다. 또한 개인이나 집단생활의 질을 향상시키고, 보람 있는 삶을 영위하는데 도움이 된다(Seligman, 2002).

이러한 특성을 지닌 행복한 교사는 영유아들에게 직접적으로나 간접적으로 영향을 주어 영유아들 또한 행복하게 성장할 수 있도록 도움을 줄 수 있을 것이다. 교사의 행복에 직접적으로 영향을 받는 유아는 부모를 떠나 처음으로 만나는 교사의 영향을 전적으로 받게 된다. 행복한 교사의 말과 태도, 상호작용 등이 유아의 행복과 직결 된다고 할 수 있다(정다우리, 2013).

이상에서 살펴본 유아교사의 행복감의 중요성은 유아교육현장에 긍정적인 영향을 미치며 유아들의 삶과 교직에 중요한 영향을 미친다고 할 수 있다

3) 유아교사의 행복감이 교사-유아 상호작용에 미치는 영향

유아교사의 행복은 유아교육현장 전체에 영향을 미치기 때문에 교사의 행복은 교사-유아 상호작용에 있어 중요하게 다루어질 필요가 있다(Barker & Martin, 2009). 행복한 유아교사는 삶을 보다 긍정적으로 보고, 더 건강한 생활을 하며, 스트레스에 잘 대처하고 직무에 보다 적극적인 개입을 하고, 만족하며, 열정을 가지고 유아를 대할 것이라 기대할 수 있다(최윤정·이경민, 2012). 이러한 특성을 지닌 행복한 교사는 영유아들에게 직접적으로나 간접적으로 영향을 주어 영유아들 또한 행복하게 성장할 수 있도록 도움을 줄 수 있을 것이다. 질 높은 유아교육과 행복한 유아를 위해서는 유아교사들의 행복이 우선시 되어야 할 것이다. 유아들이 행복하게 교육받기를 원한다면, 교사들이 당연히 행복해야 하기 때문이다(Nodding, 2003).

유아교사의 행복은 전체적으로 주어진 업무에 만족하고 즐겁게 교사의 역할을 수행하고 능력을 발휘하므로 유아에게도 긍정적으로 영향을 미친다(이경민·최윤정·이경애, 2012). 유아들에게 영향을 미치는 변인 중 유아교사의 행복은 유아의 행복에 긍정적인 영향을 준다. 가장 가깝게 영향을 주는 가족이나 교사 등 유아와 함께 지내는 성인들이 느끼는 높은 행복감은 유아에게도 긍정적으로 작용한다(김도란·김정 원, 2008).

유아교사의 행복은 유아가 행복하게 성장하는 데 영향을 준다. 즉, 행복한 교사가 행복한 어린이를 만들어 가고, 그로 인해 유아교육현장의 질은 높아질 것이라고 보는 것이다. 유아교사는 유아들의 건강한 성장을 이끄는 가장 영향력 있는 인적 요소로 교사의 행복은 유아의 행복을 위한 절대적 조건이라고 볼 수 있다. 또한 교사의 행복은 교사 자신을 위해 추구되어야 할 궁극적인 삶의 목적이기도 하기 때문에(박병기·김미애·이세현·권태순·김지영·이시은, 2014) 유아교사의 행복을 집중적으로 분석하고 살펴보는 것은 중요하다고 볼 수 있다.

최근 행복에 대한 과학적 접근을 시작하면서 다양한 분야에서 행복에 관한 연구가 활발히 진행되고 있으며, 유아교육 분야에서도 행복에 대한 관심과 연구가 이어지고 있다(송미선, 2014). 행복의 긍정적인 파급 효과는 학습과 교육과정에 영향을 주고, 교육학 역시 행복에 대한 관심을 가질 필요를 주장한다(Scoffham, Barnes, 2011). 미래의 유능하고 훌륭한 인재를 양성하기 위해서 어린 시기부터 질 높은 교육을 제공해야 하며, 유아교사는 유아의 학습과 발달에 영향을 주고, 교육의 효과를 결정하는 요인으로 유아교사의 정서와 삶에 대한 관심과 연구가 필요하다(이기숙· 장영희 ·정미라·엄정애, 2008).

유아교사의 행복감 관련 선행 연구들을 살펴보면 유아교사의 행복감과 교사의 역할수행(이경애, 2010)에서는 행복한 교사는 맡은 바 역할수행을 잘 해낸다고 하였다. 유아교사의 행복감이 높을수록 상호작용 수준이 높고(곽희경, 2011) 영유아 교사의 행복감과 영유아에 대한 헌신(이미란, 2010)에 관한 연구에서는 행복한 교사는 정성과 사랑으로 영유아를 대한다고 보고 있다. 유아교사의 행복감과 유아교사 직무 간의 관계를 분석한 연구들에 의하면 행복은 유아교사의 효능감과 직무만족에 영향을 미친다(배성희 2009)고 하였다.

행복한 사람은 자아존중감이 높고 자신이 하고 있는 일에 자부심과 효능감이 높으며 스트레스에 강하고 사회적 관계에도 더 적극적이다(이경애, 2010). 행복감이 높은 교사일수록 학교교육의 목표를 더 능률적이고 효과적으로 달성하며 학생들과도 더 좋은 관계를 형성하고 학생들을 더 잘 가르친다(신원, 2006). 이러한 연구는 대부분 행복감이 주는 긍정적인 영향에 대한 것임을 알 수 있다.

이상에서 살펴본 유아교사 행복감에 관련된 연구들은 대부분 유아교육 현장에 긍정적인 영향을 미치고 있으며, 이러한 결과로 볼 때 유아교사의 행복감은 지속적으로 연구될 필요성이 있다고 본다.

4. 유아교사의 공감 능력

1) 공감 능력의 개념

'공감(共感)'의 사전적 의미는 "남의 주장이나 감정, 생각 따위에 찬성하여 자기도 그렇다고 느끼는 마음"이다(한국어 사전. 2016). 공감 능력은 다른 사람의 느낌, 감정, 생각 등을 정확히 이해하고 이해된 것을 바탕으로 상대방과 소통하는 능력을 의미한다(최현석, 2011). 공감은 상호의존관계를 맺는 중요한 역할을 하며 직장, 가정, 지역사회 등 삶의 모든 영역에서 관계를 형성하는 데 중요한 요인이다(Gordon, M. 2010).

공감이라는 개념은 이미 19세기 말에 등장하였으며, Rogers(1959)의 연구 이후 과학적인 방법으로 시작하여 심리학의 다양한 하위 분야에서 연구가 활발하게 진행되었다(Duan & Hill, 1996). Rogers(1959)는 공감을 "타인의 내적 틀을 마치 그 사람처럼 정확하게, 그것의 감정적 구성 요소와 의미를 자신이 그 사람인 것처럼 지각하는 것"이라고 정의하고 있다. 맹자에 따르면 인간이 인간일 수 있는 것은 오직 타인의 마음을 안타까워하는 마음 때문이며 이 심리적 상태를 '공감(sympathy)'이라고 불렀다. 흄(D.Hume)에 따르면 인간은 다른 인간에 대해서 일종의 동료의식(fellow-feeling)을 가지고 있기 때문에 타인의 고통과 불행에 공감하는 능력을 가지고 있다고 보았으며, 이 공감 능력에서 도덕성이 시작된다(황금중·김선희· 박원재·조경란·이숙인·백민정·한형조, 2015).

La Monica(1981)는 타인의 입장을 확실하게 느끼고 인식하여 의사소통을 통하여 타인에게 이해되는 바를 전달하고, 전달된 것을 타인이 알아서 깨달은 것으로 봤고, Kohut(1982)는 공감이 자기 자신을 타인의 상황에 처한 것으로 두고 생각할 수 있는 과정이라고 하였다.

Mead(1934)는 상대방의 역할을 수용하고 대안적 입장을 선택하는 능력은 상대방의 행동을 미리 짐작할 수 있도록 함으로써 사회적 상태에서 적절한 행동을 할 수 있게 하여 상대방과의 상호작용을 더 잘 진행되도록 촉진시켜줄 수 있다고 본다. Piaget(1932)은 아동의 미발달한 사회적 상호작용 기술과 상대방에 대한 해석 부족을 관점수용(perspective-taking) 능력과 자아중심성(egocentrism)의 부족으로 설명하였다. Piaget은 자아 중심적 성향이 극복되고 탈 중심화(decentering)가 이루어질 때 자신과는 다른 상대방의 다른 관점에 대한 이해와 수용이 가능하다고 주장하였다.

Hoffman(1987)은 공감을 자신보다 상대방의 상황에 적절한 반응이고 타인의 정서 상태에 대한 이해로 그것에 부합한 정서 상태를 갖게 되는 것이라 했다. 이는 상대방에 대한 내적 상태를 이해하고 인지적 의미와 일치된 감정까지 포함하는 상대방과의 관계 성향을 말한다. 그러므로 공감은 정신 내적인 과정으로 상대방과 꼭 맞는 정서적인 태도를 대리적 경험을 통하여 형성되는 과정으로 관계 성향을 가지며 일관성을 가지고 오래 계속 유지되는 성향이다.

Davis(1980)는 공감을 통합된 관점으로 해석하고 더 확장된 개념으로 보았다. 공감의 네 가지 하위 차원(불행한 타인에 대한 동정심, 타인의 관점수용, 타인의 부정적 경험을 보았을 때의 불편함, 소설이나 영화에 몰입하는 경향)이 포함된 복합적인 것이라고 했다. 정인경(2012)은 상대를 먼저 배려하고 존중하는 태도는 상대방의 관점에서 세상을 바라보고 이해하려는 공감에서부터 시작되며, 타인을 도와주려는 이타행동을 촉진하는 중요한 정서기제라고 하였다. 오세윤(2016)은 "공감은 먼저 자신의 의도에 초점을 맞추고 다음에 분명히 구별되는 타자의 의도에 초점을 맞추는 마음의 흐름이다"라고 하였다.

위에서 살펴보았듯이 공감의 개념은 학자들에 의하여 다양하게 정의되어 왔다. 오늘날 공감을 연구하는 학자들은 공감을 정서적 요소, 인지적 요소가 서로 상호작용하여 발달한다고 하였다(김미라, 2009). 공감의 개념은 대인관계의 필수적 요소이며 상대방의 시각으로 바라보고, 무비판적으로 상대방의 경험과 감정을 이해하여 의사소통하는 것이다. 유아교사의 공감 능력은 상대방의 인지·정서 상태를 지각하여 이것을 자기 자신의 내재적 감정에서 공유하고 경험하는 능력이라고 할 수 있다.

2) 유아교사 공감 능력의 중요성

공감은 두 가지 기본 생각에서 혼용되어 사용되는데 하나는 정서의 공유로써 정의 하는 입장과 하나는 상대방의 생각이나 상황, 감정을 이해하는 입장이다

(Redmond, 1989). 공감에 대한 연구가 되어 오면서 공감은 정서적 혹은 인지적 정서의 단일 개념이 아니라 다차원을 가진 개념이라는 사고 인식이 퍼지기 시작하였다. 이러한 연구의 흐름은 공감에 대한 인지적, 정서적인 개념을 통합하려는 변화로 나타났다. 통합적인 관점을 주장하는 연구자들은 공감에는 인지적, 정서적 요소가 다 포함되고 상호 연관성을 가지고 있으므로 어느 한 요소만 연구하는 것은 공감의 현상을 이해 할 수 없다는 생각을 가지게 되었다(Deutsh & Madle. 1975).

통합적 관점을 가진 연구들 중 Davis(1980)는 공감을 통합된 관점으로 해석하고, 더 확장된 개념으로 보았다. 공감의 네 가지 하위차원(불행한 타인에 대한 동정심, 타인의 관점 수용, 타인의 부정적 경험을 보았을 때의 불편함, 소설이나 영화에 몰입하는 경향)이 포함된 복합적인 것이라고 했다.

공감 능력에서 정서적 요소는 공감 과정에 있어서 공감하는 자가 공감 대상자와 동일시한 감정은 아니더라도 점점 일치되는 대리적인 정서를 경험하는 것이다. 그러므로 유아교사가 직접 경험해 보지 않은 감정일지라도 자신의 감정을 이입하여 유아의 마음을 이해하고 공유하는 공감 능력이 있다면 유아와의 상호작용은 원활하고 효율적일 것으로 기대해 볼 수 있다.

3) 유아교사의 공감 능력이 교사-유아 상호작용에 미치는 영향

공감 능력은 훈련이 가능하므로(하영례·김은경, 2013; 허선자, 2006), 직무만족을 높일 수 있는 교사의 처우와 유아의 감정이입과 상황을 이해하고자 하는 공감 능력을 향상시키기 위한 노력은 교사-유아 상호작용의 질을 높아지게 할 수 있다(Denham, Bassett & Zinsser, 2012). 또한 유아교사의 조직몰입 수준이 향상되어 교사-유아 상호작용을 적극적으로 지지할 수 있는 체계를 구축하게 된다(강선미, 2015; 김미진· 김병만, 2014).

이처럼 유아교사가 공감 능력을 갖추게 된다면 교사-유아 상호작용의 질에 긍정적 효과를 미칠 뿐만 아니라 심지어 교사의 공감 능력이 교실에서의 또래 괴롭힘과 따돌림도 극복할 수 있게 한다(Scott, 2010). 서로를 배려하는 따뜻한 교실은 교사가 유아들을 가르치는 이상적인 공간이 된다(Gordon, M, 2010).

5. 관련 선행연구고찰

1) 교사 - 유아 상호작용의 관련 변인

교사는 유아교육기관에서의 일과를 지내면서 유아의 정서적, 사회적 지지자로서 유아의 적응과 긍정적인 또래관계를 돕는 중재자로서의 역할을 수행하게 된다. 교사가 영유아와 이루어지는 정서적 상호작용 (emotional interaction)이란 유아에게 친절하게 대하고 유아의 개별적 요구에 민감하게 반응하며 유아에게 편안하고 허용적인 분위기를 만들어 주는 것을 의미한다. 언어적 상호작용(verbal interaction)은 이야기를 하거나 질문할 때 안정감 있는 목소리로 반응하고, 유아로 하여금 자신의 생각과 느낌을 자유롭게 언어로 표현할 수 있도록 하는 것으로 유아의 발달 수준과 흥미 및 요구 등을 파악하여 언어적으로 적절하게 지원해 주는 것이다.

교사가 유아의 눈높이에 맞추어 자세를 낮추거나, 스킨십 행동과 모델링 보여주기 등의 행동적 상호작용(behavioral interaction)은 유아들로 하여금 긍정적인 행동을 표출할 수 있도록 한다(이정숙, 2003). 이상 교사-영유아 상호작용은 교사의 행복감이 높을수록 긍정적인 효과가 있고, 교사가 행복할 때 교사-유아

간의 정서적, 언어적, 행동적 상호작용의 질이 높아진다(곽희경, 2011; 김시연, 2014; 모연례, 2014; 박희숙, 2017; 정다우리, 2013).

교사의 긍정적인 정서는 교사와 유아와의 상호작용에 영향을 미치고 (곽희경, 2011; Goleman, 1996), 유아교사가 느끼는 행복감은 유아의 건강한 발달과 행복한 성장에 영향을 미칠 수 있기 때문에 교사의 신념과 실제 행위에 있어 교사-영유아 상호작용에서도 중요하게 다루어진다(김시연, 2014). 오승민(2012)의 연구를 보면 교사-유아 상호작용 하위 요인인 정서적·언어적·행동적 상호작용 배경 변인인 기관유형 에서 통계적으로 유의한 차이는 보이지 않았지만 어린이집 교사보다 유치원 교사가 교사-유아 상호작용이 더 높았다. 성별 연령별 교사-유아 상호작용을 보면, 여아가 남아보다 높은 것으로 나타났으며, 연령이 적은 유아일수록 연령이 높은 유아보다 교사와의 상호작용이 높은 것으로 나타났다(최선희, 2009).

2) 유아교사 인성의 관련 변인

교사에게 기대되는 바람직한 인성은 민감성, 공감적 이해, 교과에 대한 지식, 의사소통(노은호, 2013), 교직에 대한 열정, 창의성, 반성적 자기개발, 교직윤리(김순환·박선혜·남옥선, 2014), 인간애, 궁극적 자아개념, 사회관계, 직무수행, 창의·인성 등 매우 포괄적인 범위에서 역동적인 특성을 나타내고 있다(전재선, 2011).

허수윤·서현아(2014)의 연구에서는 예비 유아교사의 자기표현 및 스트레스 대처방식과 인성의 영향력을 분석한 결과 인성 전체와 인성 하위요인 중 긍정적 자아 개념과 창의·인성은 자기표현 및 스트레스 대처 방식에 유의한 상관이 나타났다. 이는 교사가 스트레스를 대처함으로써 인성을 증진시킬 수 있음을 나타내고 있다.

박주미(2016)의 연구에서는 영아 교사의 인성은 교사-영아 상호작용과 상관이 있으며 영아교사 인성이 높을수록 교사-유아 상호작용이 긍정적으로 잘 이루어졌다는 결과를 보였다. 유아교사의 인성 과제 변인들의 관계를 조망하는 연구로는 유아교사의 교직적성과 자아존중감 및 교수 효능감의 관계를 살펴 본 연구(박성혜, 2015)를 비롯하여 인성의 하위 요인 중 하나인 자아개념과 인성개발 효능감 및 교사 효능감에 유의미한 관계가 있음을 밝힌 연구(김민경, 2011; 최일선, 2009)가 이루어졌다.

황희숙과 강승희(2005)는 유아교사의 사고 양식 및 성격유형과 창의적 인성의 관계를 고찰하였으며 성격 강점과 행복감(천성문, 2014)의 관계, 행복감 및 교사 인성과 교사-유아 상호작용의 밀접한 상관에 대해서 알아 본 정다우리(2013)의 연구도 있다. 고연경·장석영·이정아는 교사 효능감과 인성 및 행복감 사이에 유의미한 관련성이 있음을 보고하고 있다.

인성은 교사-유아 상호작용 관계에 영향을 미치는데 이정금·김성숙(2017)은 유아 인성과 교사-유아 상호작용 관계에서 남아와 여아 모두 교사와의 관계가 친밀할수록 인성 수준이 높았으며, 교사-유아 상호작용 관계를 보완하는 데 있어 교사 인성이 효과가 있다는 연구(이혜원·임수진, 2007), 영유아의 정서, 사회적 문제 행동에 대해 교사의 인성이 큰 영향력을 가지며(이순복, 2009) 유아의 전인적 발달은 교사와 유아의 관계에 영향을 받는다(최선미, 2016)는 연구들이 있다. 결과적으로 유아교사의 인성은 교사-유아 상호작용에 중요하게 적용됨을 알 수 있다.

유아교사들에게 보다 풍부한 지식과 적절한 자질을 갖춘 전문성이 요구됨에 따라 교사의 인간적, 내면적 속성을 전문성의 한 요인으로 보고 교육 상황 특유의 요구와 관련된 교사 자신의 인간적, 도덕적, 감성적, 지각적 능력과 같은 내면적인 특성이 중요시되고 있다(김정규·권낙원, 1988).

그러나 유아교사에게 인성은 전문적 자질에 부수적인 것이며 자격과 함께 주어지는 것으로 인식되고 있어, 명확하게 어떤 인성이 필요하고 어떤 인성을 갖추어야 하는지에 대한 합의를 위한 연구나 노력은 미흡하다(전재선, 2011). 유아교육의 중요성과 질 향상을 논의함에 있어 교사의 인성은 유아교육의 중요한 변인으로 고려되어야 한다(정재운·김준규·노희선·박연희, 2009; 전재선, 최종욱, 2010, 재인용). 유아 교사 인성 관련 연구의 변인들(전재선, 2011)을 살펴보면 인간애, 긍정적 자아개념, 사회관계, 직무수행, 창의·인성으로 구분할 수 있다.

유아교사의 인성 덕목에 대해 여러 가지로 제안하고 있으나 인성 자체가 갖는 개념이 다차원적이어서 성격, 성향, 기질, 태도, 강점, 인격, 윤리, 도덕 등 학자의 관점에 따라 다양한 용어로 해석됨에 따라 명확한 기준이나 평가도구를 찾기 어렵고(손진희, 2008; 조난심, 2004), 인성의 개념을 명료하게 정립하는 것이 쉽지 않기 때문에 유아교사 인성 관련 연구들은 부분적인 해석을 하고 있는 실정이다.

3) 유아교사 행복감의 관련 변인

유아들은 유아교사의 행복감 상태에 매우 민감하여 교사의 비언어적 표현인 무관심이나 차가움, 또는 귀찮음은 유아들에게 심리적 폭력 (Psychological Violence)이 될 수 있으므로 유아들과의 상호작용을 통해 그들을 안내하고 도움을 제공하는 상호 관계적 역할이 매우 중요하다 (Spodek, Saracho, & Davis, 1985).

교사의 행복이 학생들의 행복에 미치는 영향(방정주, 2008)과 행복한 어머니 되기 프로그램(조진영, 2009) 연구를 보면, 학생들의 행복감은 담임교사 및 어머니의 행복감과 높은 상관관계가 있음을 알 수 있다. 반면, 사람과 사람 간의 관계 뿐만 아니라 사람과 자연 간의 관계에서도 조화와 공존의 삶을 지향하려는 생태유아교육과 관련된 선행연구들이 새롭게 대두되면서 생태유아교육현장에서 경험하는 유아교사의 행복감에 관한 내러티브 탐구를 살펴보면, 교사가 교육현장의 다양하고 역동적인 생생한 행복감을 담아내려는 움직임이 일어나고 있다(김미진·김병만, 2012).

이는 행복 추구에 대한 교사의 당위성에 대한 재인식으로 유아교사의 행복과 유아 교육전문가로서의 행복한 삶의 질을 증진시키는 데 기여할 것으로 본다. 기존의 유아 교사의 역할이 '아동전문가'였다면, 김은주(2003)는 생태유아교육의 교사 역할을 '삶의 동반자'라고 규정하였다. 이는 생태유아교육에서 지향하는 생명, 관계, 삶을 교사의 역할로 강조(임재택, 2008)하고 있으며, 이러한 의미들을 고제순(2003)은 '섬김'으로 가능하다고 한다. 유아교사의 행복감이 증진되면 이는 교사-유아 상호작용에 긍정적인 영향을 미치게 될 것으로 본다.

행복감, 직무만족, 효능감의 선행연구들을 요약하면, 행복감이 높은 교사는 직무 만족과 교사 효능감이 높고(배성희, 2009; 배수희, 2009; 이경민· 최윤정, 2009), 높은 직무만족으로 이직률과 결근율이 감소하고(곽희경, 2011), 직무 스트레스가 낮으며, 사회적 문제해결능력 또한 높았다(최영옥, 2011). 따라서 행복감에 영향을 주는 직무만족도, 효능감 변인은 결국 교사-유아 상호작용에 영향을 미치는 상호 호혜적 관계라 할 수 있으며, 교사의 행복감은 교사-유아 상호작용의 질을 향상시키므로 결국 유아교육 현장에서의 교육과 보육의 질을 향상시키는 긍정적인 효과를 기대할 수 있을 것으로 볼 수 있다. 인성의 개념을 윤리나 도덕 등으로 해석하는 관점에서 본다면 교사의 윤리의식과 행복감 간의 관계(정명자·최혜순, 2014)에서 윤리의식이 높은 교사가 행복감이 높은 것으로 보고하고 있는 결과에서 인성과 행복감의 관련성을 설명한다.

그러나 유아교사의 인성이 교사의 행복감에 어떠한 영향을 주는지에 대한 직접적 인 연구가 부족한 실정에서 인성의 하위 덕목에서 유아교사의 행복감과 관련된 선행 연구들을 살펴보고자 한다. 유아교사의 행복 증진 프로그램 개발 연구(최윤정, 2009)에서는 교사의 행복 및 직무만족과의 관계성에 대한 이론적 타당성을 찾은 긍정 심리학의 강점을 중심으로 교사의 행복을 구성하였다. 여기에서 Seligman(2002)은 강점을 재능과 유사하다고 보고 이것을 인성 특성이라고 했다.

행복한 삶은 일상생활에서 자신이 가장 잘할 수 있는 대표 특성 즉, 강점을 활용하는 데서 비롯된다는 전제하에 유아교사의 강점을 계발하여 행복을 증진시킬 수 있다(최윤정, 2009)고 본다. 또한 통제 신념 즉 자신의 일이나 외부의 사건을 자신이 스스로 통제할 수 있다고 믿는 것 자체가 주관적 행복감의 구성요소라고 주장한다. 이러한 내적 통제 신념은 훈련을 통해 획득될 수 있음을 보고하였다(Veenhoven, 1991, 재인용). 이것은 바로 인성의 하위 요인인 긍정적 자아 개념의 자기조절과 관련한 연구의 결과로 볼 수 있다. 인성과 행복 관련 연구로 인성의 하위 요소인 자기 개발에 관련된 내용을 살펴보면, 인간은 누구나 행복 수준을 보다 높은 수준으로 향상시킬 수 있으며 행복이란 외부의 조건이나 우연한 행운보다는 개인마다 잠재된 재능과 특성을 찾아 연습함으로써 개발될 수 있는 삶의 습관이자 기술이다(Seligman, Park & Peterson, 2004)라고 한 내용에서도 스스로 자기개발을 통한 행복을 말한다.

최윤정과 이경민(2012)의 유아교사의 행복교육 프로그램 개발 기초연구에서 유아 교사를 대상으로 행복, 강점, 직무만족의 관련성을 알아본 결과 세 변인 간의 관련성이 있음이 보고되고, Veenhoven(1991)은 행복의 주요 요인으로 직무만족을 꼽았다. 직무만족 자체가 직무를 수행하는 사람의 행복과 관련이 있다고 보는 것이다(Diener, Suh, Lucas & Smith, 1999; Tait, Padgett &

Baldwin, 1989). 이러한 관점에서 인성의 하위 요소인 직무수행이 유아교사의 행복과 관련이 있음을 알 수 있다.

Mcgovern과 Miller(2008)는 교사의 강점을 계발함으로써 교사 개인의 행복과 교수 활동의 효율성이 증가하는 효과를 확인해 주었다. 이는 교사가 직무에 만족하는 효과로 볼 수 있으며 이는 곧 교사의 행복으로 이어진다고 볼 수 있다. 즉 유아교사의 직무수행에서 업무 중에 직무에 만족하려는 인성 특성들이 유아교사의 행복을 예견할 수 있는 부분이라고 할 수 있다.

이상에서 살펴본 바에 의하면 유아교사의 인성과 유아교사의 행복 관련 연구는 인성의 하위 요소인 긍정적 자아개념의 자기조절과 자기개발이 행복감과 관련하여 연구된 것으로 지극히 일부분이 보고되고 있을 뿐이다. 이처럼 유아교사의 인성과 행복감 간의 직접적인 연구는 매우 부족한 실정임을 알 수 있다. 본 연구를 토대로 유아교사의 인성의 중요성을 인식하고 유아교사의 행복감에 영향을 줄 유아교사의 인성 특성과의 관련연구가 이루어져야 할 것으로 본다(정명자, 2016).

4) 유아교사 공감 능력의 관련 변인

'공감'이란 다른 사람의 생각이나 느낌을 간접적으로 느껴보고 다른 사람의 입장이 되어보는 것을 의미한다(박성희, 1996). 즉, 교사가 유아의 개인적인 지각 세계 안에 들어가 유아의 관점을 이해하는 능력이라 할 수 있다. 교실의 문제해결 상황에서 유아가 경험하는 것을 그들만의 독특한 관점으로 이해하기 위해서는 교사의 공감이 중요하며(Gage & Berliner, 1998, 재인용), 유아의 발화 속에 숨은 감정과 의도를 찾는 공감적인 듣기는 좋은 교사가 되는데 필요하다(Wollfolk, 1998).

교사-유아 상호작용의 호혜적 관계에서 행복을 예측하는 또 다른 변인은 공감이라고 할 수 있으며, 대인관계 형성에 기본 바탕이 되는 공감 (empathy)은 자신보다는 다른 사람의 상태에 적합한 정서적 반응을 하는 것이다(박진성, 2015). 공감은 대인관계 형성의 원천이 될 뿐만 아니라, 자신과 타인의 감정 이해를 토대로 자아 개념의 기초가 될 수도 있다. 이와 같은 공감은 다른 사람이 처한 상황이나 조건에 대해 공감하는 정서적 각성 상태를 의미하며, 정서적인 요소와 인지적인 요소는 어느 한쪽 요소만 발달하는 것이 아니라 두 가지 요소가 서로 상호작용하며 발달한다(박희숙, 2017).

정은숙과 이성희(2017)의 유아교사의 공감능력과 유아문제행동 지도와의 관계에서 유아교사가 기혼이며, 연령, 학력, 경력이 높을수록 유아 문제행동 지도에 긍정적 전략을 많이 사용하는 것으로 나타났다. 이는 공감 능력이 유아 문제행동 지도에 영향을 주는 교사 변인임을 확인해 주었다.

교사의 공감 능력은 유아와 상호작용을 촉진하고 유아에게 긍정적 영향을 줄 수 있는 매우 중요한 요인으로, 공감능력이 높은 교사는 교육대상자들의 태도와 행동에 영향을 미친다(황인호·장성화, 2012). 공감은 사회적 관계에서 중요한 역할을 하지만 그중에서도 교사와 유아 관계에서 일어나는 교사의 공감은 유아의 발달에 결정적인 영향을 줄 수 있다고 볼 수 있다. 인성이 공감능력에 미치는 선행연구에서 이은영(2015)은 학교 폭력에서 인성교육을 위한 공감의 의미를 중심으로 한 연구에 의하면 공감을 하나의 가치로 지정하는 것이 아니라 인간의 내재된 본성인 공감 능력을 성숙한 공감적 반응으로 바꾸어 주는 것에 있다고 할 수 있다. 이러한 과정이 지속된다면 인간의 내재된 공감적 본능이 교육을 통하여 후천적으로 발현되고 실천될 수 있을 것이다.

교사의 공감 능력은 유아와의 공감을 통하여 유아에 대한 근본적인 이해를 돕고, 교사-유아 간 긍정적인 상호작용을 촉진하는 중요한 계기를 마련할 수 있으며(김경미, 2017), 교사의 공감적인 태도로 유아와 상호작용할 때 교사-유아 상호작용은 촉진되며, 그 관계는 보다 긍정적으로 형성될 수 있다고 보고하고 있다(차혜정·송승민, 2017). 그러나 교사의 공감 능력에 따른 교사-유아 관계의 매개 역할에 대한 선행연구는 대부분 초등학생을 대상으로 실시되었으며, 유아를 대상으로 교사의 공감능력에 따른 교사-유아 관계의 매개 역할을 규명한 국내 연구는 상대적으로 부족 한 실정이다.

유아교사의 인성이 교사의 공감 능력에 미치는 영향으로는 유아교사의 인성과 하위요인 인간애, 긍정적 자아, 사회관계, 직무수행, 창의인성은 공감능력 전체와 그 하위요인인 인지적 공감, 정서적 공감과 정적 상관관계를 가지고 있으며, 인성과 공감 능력이 상호관계를 갖는다(김승일·차 은주, 2015)는 선행연구는 본 연구를 지지하며 인성과 공감이 정적 상관관계의 특성을 확인할 수 있다.

이는 인성과 공감능력의 관계에 대한 실증적 연구가 부족한 상황에서 공감 능력의 함양을 통해 자연스럽게 인성이 변화되기에 인성교육의 목적과 방향은 공감에 있어야 하며(이인경, 2014), 교사의 인성교육에 공감이 들어가야 하고 (전재선, 2013) 직·간접적인 공감의 경험을 통해 인성이 변화될 수 있다(이은영, 2015)는 연구에 실증적인 기초자료를 제공하는 것으로 학교폭력에서 인성교육을 위한 공감의 의미를 중심으로 한 연구에 의하면 공감을 하나의 가치로 지정하는 것이 아니라 인간의 내재된 본성인 공감 능력을 성숙한 공감적 반응으로 바꾸어 주는 것에 있다고 할 수 있다. 이러한 과정이 지속된다면 인간의 내재된 공감적 본능이 교육을 통하여 후천적으로 발현되고 실천될 수 있을 것이다. 인성교육의 내용 및 방향에 있어 공감의 필요성을 확인할 수 있다(최은아, 2016).

이상의 이론적 배경 및 선행연구 고찰을 통해 다음과 같은 연구 가설을 세울 수 있다.

1. 유아교사의 인성, 행복감, 공감 능력이 교사-유아 상호작용에 직접 영향을 미칠 것이다.
2. 유아교사의 인성이 교사의 행복감에 직접 영향을 미칠 것이다.
3. 유아교사의 인성이 교사의 공감 능력에 직접 영향을 미칠 것이다.
4. 유아교사의 인성과 교사-유아 상호작용의 관계에서 행복감은 매개 효과가 있을 것이다.
5. 유아교사의 인성과 교사-유아 상호작용의 관계에서 공감 능력은 매개 효과가 있을 것이다.

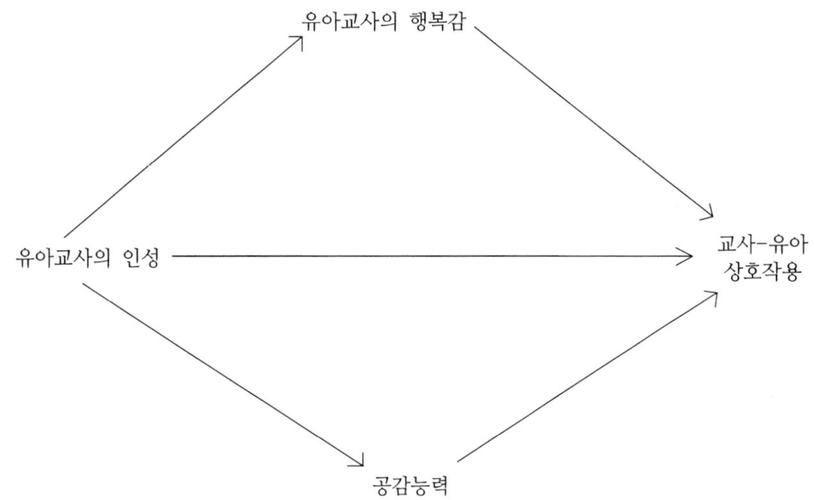

[그림 Ⅱ-1〉 유아교사의 교사-유아상호작용 관련변인들 간의 가설적 연구모델

Ⅲ. 연구방법

1. 연구대상

본 연구에서는 유아교사의 인성과, 행복감, 공감 능력, 교사-유아 상호 작용 간의 관계를 살펴보기 위하여 경상북도에 소재한 55개소 유치원과 294개소 어린이집에 재직하고 있는 교사 349명을 연구 대상으로 하였다. 연구 대상자의 일반적 배경은 다음의 〈표 Ⅲ-1〉과 같다.

〈표Ⅲ-1〉 연구대상자의 일반적 배경

(N=349)

배 경	항 목	빈 도	퍼센트(%)
성별	여성	347	99.43
	남성	2	0.57
연령	25세 이하	28	8.02
	26 - 30세	62	17.77
	31 - 35세	55	15.76
	36 - 40세	62	17.77
	41 - 45세	71	20.34
	46세 이상	71	20.34
결혼 여부	미혼	105	30.09
	기혼	244	69.91
최종 교육과정	보육교사양성과정 수료	62	17.77
	2·3년제 대학교 졸업	167	47.85
	4년제 대학교 졸업	100	28.65
	대학원 졸업	20	5.73
교육 경력	1년 미만	31	8.88
	1 - 3년	65	18.62
	3 - 5년	59	16.91
	5 - 8년	73	20.92
	8 - 10년	48	13.75
	10년 이상	73	20.92

(N=349)

배 경	항 목	빈 도	퍼센트(%)
직위	방과 후 과정 및 종일반 교사	32	9.17
	정규학급 담임교사	251	71.92
	부장(주임)교사	25	7.16
	원감	35	10.03
	기타	6	1.72
기관 유형	단설·병설 유치원	2	0.57
	사립 유치원	53	15.19
	국·공립 어린이집	13	3.72
	법인·단체 어린이집	19	5.44
	민간 어린이집	216	61.89
	가정 어린이집	45	12.89
	기타	1	0.29
근무 시간	8시간미만	36	10.32
	8 - 10시간	266	76.22
	10 - 12시간	32	9.17
	12시간 이상	14	4.01
	기타	1	0.29
전 체		349	100.0

2. 측정도구

본 연구에서 사용한 연구 도구는 교사-유아 상호작용 척도(이정숙, 2003), 유아교사의 인성 척도(전재선, 2011), 유아교사의 행복감 척도(이경애, 2010), 유아교사의 공감 능력 척도(전병성, 2003),를 사용하며 이를 구체적으로 살펴보면 다음과 같다.

1) 교사-유아 상호작용 척도

교사-유아 상호작용 유형을 측정하기 위하여 여러 유아교육 프로그램 평가 척도에서 문항을 추출하여 이정숙(2003)이 수정, 보완한 것을 사용하였다.

교사-유아 상호작용 평가 척도의 전체적인 구성은, APECP에서는 교사-유아 간의 긍정적인 상호작용 4문항, 반응적인 교사 5문항, 긍정적인 유아 행동지도 8문항, 즐거운 분위기 속에서의 활동 경험 7문항으로 구성되어 있으며 NAEYC는 10문항, NCAC는 9문항, 이은해와 이기숙의 유아교육 프로그램 평가 척도 12문항, 한국교육개발원의 평가기준은 2문항으로 자유선택 활동 시 바람직한 교사의 태도 8문항을 포함하고 있다. 이러한 구성을 토대로 본 측정도구는 교사-유아 상호작용을 정서적인 상호작용, 언어적인 상호작용, 행동적인 상호작용으로 분류하였다.

내용 구성은 교사-유아의 상호작용에 대한 교사의 자기평가를 위해 정서적인 상호작용 10문항, 언어적인 상호작용 10문항, 그리고 행동적인 상호작용 10문항으로 전체 30문항 5점 척도로 측정하였다. 교사가 각 문항을 읽고, 전혀 그렇지 않다. 1점, 그렇지 않다 2점, 보통이다 3점, 그렇다 4점, 매우 그렇다 5점으로 직접 표시하는 방식이다.

본 연구를 위한 분석에 사용할 교사-유아 상호작용 변인의 신뢰도를 알아보기 위하여, $Cronbach'\alpha$ 계수를 이용한 신뢰도 분석을 실시하였다.

'교사-유아의 상호작용'(30문항)의 신뢰도 분석 결과, '교사-유아의 상호작용'에 대한 신뢰도는 0.966으로 나타났으며, 하위 항목인 '정서적 상호작용'(10문항)에 대한 신뢰도는 0.918, '언어적 상호작용'(10문항)에 대한 신뢰도는 0.897, '행동적 상호작용'(10문항)에 대한 신뢰도는 0.897로 확인되었다.

2) 인성 척도

유아교사의 인성을 알아보기 위해 전재선(2011)이 개발한 인성 자기평가 도구를 사용하였다. 유아교사의 인성에 따른 하위 범주 요인은 인간애 10문항(이타심 6문항, 용서 4문항), 긍정적 자아개념 20문항(자기 계발 4문항, 주도적 자아성취 9문항, 자기조절 7문항), 사회관계 13문항(의사소통 9문항, 공감적 이해 4문항), 직무수행 태도 13문항, 창의·인성 24문항(유머·위트 9문항, 사회문제 인식 4문항, 창의적 성향 11문항)으로 총 80문항으로 구성되어 있다. 각 문항은 '전혀 그렇게 않다' 1점, '그렇지 않다' 2점, '보통이다' 3점, '그렇다' 4점, '매우 그렇다' 5점 척도로 5점 Likert식이며, 점수가 높을수록 바람직한 인성으로 평가한다.

본 연구에 사용할 '교사의 인성'(80문항)의 신뢰도 분석 결과, '교사의 인성'에 대한 신뢰도는 0.966으로 나타났으며, 하위 항목인 '인간애'(10문항)에 대한 신뢰도는 0.849, '긍정적 자아개념'(20문항)에 대한 신뢰도는 0.921, '사회관계'(13문항)에 대한 신뢰도는 0.912, '직무수행'(13문항)에 대한 신뢰도는 0.834이며, '창의·인성'(24문항)에 대한 신뢰도는 0.911로 확인되었다.

3) 행복감 척도

유아교사의 행복감을 알아보기 위해 Ryff(1989)가 개발한 심리적 안녕감척도(PWBS)를 조명한과 차경호(1998)가 한국판으로 번안하고 수정한 것을 김명소·김혜원·차경호(2001)가 대학생을 대상으로 문항분석을 실시하여 최종적으로 46문항을 선별한 척도를 이경애(2010)가 연구 목적에 맞게 수정한 것을 사용하였다. 행복감의 하위 요소는 자아수용 8문항, 자율성 7문항. 긍정적 대인관계 7문항, 환경에 대한 통제력 8문항, 개인 성장 9문항, 삶의 목적 7문항으로 총 46문항으로 구성되어 있다. 각 문항은 '전혀 그렇지 않다.'1점, '그렇지 않다' 2점, '보통이다' 3점, '그렇다'4점, '매우 그렇다'5점 척도로 5점 Likert식이며, 점수가 높을수록 행복감이 높은 것으로 평가한다.

본 연구의 사용할 '교사의 행복감'(80문항)의 신뢰도 분석 결과, '교사의 행복감'에 대한 신뢰도는 0.916으로 나타났으며, 하위 항목인 '자아수용'(8문항)에 대한 신뢰도는 0.699, '자율성'(7문항)에 대한 신뢰도는 0.352로 확인되었다. 자율성에 대한 항목은 아주 낮은 신뢰도로 제거 또는 측정도구의 재검토가 필요하므로 이어지는 분석에서 제외하기로 하였다. 또한, '긍정적 대인관계'(7문항)에 대한 신뢰도는 0.845, '환경에 대한 통제력'(8문항)에 대한 신뢰도는 0.703, '개인 성장'(9문항)에 대한 신뢰도는 0.815, '삶의 목적'(7문항)에 대한 신뢰도는 0.853으로 확인되었다.

4) 공감 능력 척도

교사의 공감 능력을 알아보기 위해 Mehrabin과 Epstein(1972)의 정서 공감척도, Davis(1980)가 제작한 IRI검사, Brayant(1982)가 제작한 정서 공감 척도를 박성희(1994)가 번안한 것을 참고하여 전병성(2003)이 재구성한 검사 도구를 사용하였다. 이 척도는 총 30문항으로 인지 공감과 정서 공감의 두 하위 요소를 포함한다. 인지 공감의 세부 항목은 관점 취하기, 상상하기이며 정서 공감의 세부 항목은 타인 지향적 공감과 개인적 고통 정서로 구성되었다. 각 문항의 응답은 '전혀 그렇지 않다(1점)'에서 '매우 그렇다(5점)'까지의 Likert 5점 척도이며, 점수가 높을수록 공감 능력이 높음을 의미한다.

본 연구에 사용할 '교사의 공감 능력'(30문항)의 신뢰도 분석결과, '교사의 공감 능력'에 대한 신뢰도는 0.901로 나타났으며, 하위항목인 '인지적 공감'(15문항)에 대한 신뢰도는 0.810, '정서적 공감'(15문항)에 대한 신뢰도는 0.854로 확인되었다.

3. 자료수집 절차

1) 예비조사

본 연구를 시작하기 전에 예비조사를 실시하였다. 예비조사는 경상북도 지역 유아교사를 대상으로 2017년 12월 26일부터 2018년 1월 4일까지 총 10일간에 거쳐 실시하였으며, 조사 방법은 구조화된 질문지법으로 응답자의 자기기입방식으로 조사하였다. 설문에 응답한 사람들은 모두 30명이고 수집된 자료를 바탕으로 유아교사의 인성, 행복감, 공감 능력, 교사-유아 상호작용 설문지를 최종 검토하여, 설문 문항의 이해도와, 문항 자체의 오류 등을 수정하며, 인터뷰 등을 통해 얻어진 의견 등을 바탕으로 하여 5점 Likert식의 측정도구를 사용하였다.

2) 본 조사

본 연구의 자료 수집은 2017년 12월 동국대학교 생명윤리 위원회(IRB) (승인번호 DGU IRB 20190007)를 통해 연구과정 및 질문지 심의를 마친 후 예비조사를 거쳐 이루어졌다.

본 연구에서는 연구 변인들을 유아교사의 자기 보고식으로 측정하였다. 본 조사는 55개소 유치원과 294개소 어린이집 교사 400명에게 배포하여 설문조사의 목적과 내용을 충분하게 설명하고 설문 항목에 대한 이해도와 응답 내용의 신뢰성을 높이고자 하였으며, 설문지 작성에 응해준 선생님들께 소정의 답례품을 전달하였다. 선생님들의 동의서는 선생님들이 연구에 대해 자세히 알 수 있도록 연구 설명서와 함께 질문지의 문항 일부를 첨부하였으며, 설문조사는 2018년 1월 15일부터 2018년 2월 13일까지 총 30일간에 거쳐 자료를 수집하였다. 본 연구의 연구모델인 구조 회귀 모델의 부합도 및 모수치를 추정하기 위해 필요한 최소한의 연구 대상 조건인 모수치: 피험자 수의 비율 1:10~20의 기준(문수백, 2009; Kline, 2011)에 따라 400부의 설문지를 직접 방문과 e-메일, 우편을 통해 배부하며, 363부를 회수하였다. 이들 응답자 중 불성실한 응답자의 결측값을 제외하고 총 349부를 최종 분석하였다.

4. 자료 분석 및 통계적 모델

1) 자료 분석

유아교사의 일반적 특성에 따른 측정 변인들이 차이가 있는지 알아보기 위해 차이검정을 실시하였다. 빈도 분석의 결과 중 직위, 기관, 근무시간의 기타(기타, 다중응답, 무응답) 항목인 각 6명, 1명, 1명은 분석에서 제외되었다.

차이 검정에 앞서 각 집단에 따른 측정 변인들이 정규성 가정을 만족하는지 확인하였다. 정규성 가정은 표본이 최소 3개 이상일 때 확인 가능하며 그렇지 않을 때는 정규성 가정을 만족하지 않는다고 볼 수 있다. 또한 각 집단의 표본이 30개 이상이면 정규성 가정을 만족한다고 할 수 있다.

본 분석에서는 정규성 검정에 $Shapiro-Wilk$ 통계량을 이용하여 확인하고 따로 수치적인 값은 기술하지 않았다. 검정하는 집단이 2개이며 각 집단의 측정 변인들이 정규성 가정을 만족하면 t검정을 실시하고 그렇지 않으면 비모수적 방법인 Mann- Whitney 방법을 이용하여 U 통계량을 확인하였다.

집단이 3개 이상이며 각 집단의 측정 변인들이 정규성 가정을 만족하면 일원배치 분산분석(One-Way ANOVA)을 실시하고 그렇지 않으면 비모수적 방법을 실시하였다.

일원 배치 분산분석에서는 정규성 가정 외에도 등 분산성 가정이 만족되는지 확인하여야 한다. 등 분산성은 $\leq vene$ 통계량으로 등 분산성 가정이 만족되면 F 통계량을 확인하였고, 그렇지 않으면 $Welch$ 통계량을 확인하였다.

집단이 3개 이상이며 각 집단의 측정 변인들이 정규성 가정을 만족하지 않으면 비모수적 방법인 Kruskal-Wallis 방법을 이용하여 χ^2 통계량을 확인하였다.

2) 통계적 모델

교사-유아 상호작용과 관련 변인들 간의 구조적 관계를 알아보기 위해 본 연구의 연구모델을 다음과 같은 절차에 따라 통계적 모델로 설정한 다음 AMOS 24.0을 이용하여 분석하였다.

먼저 유아-교사 상호작용의 원인 변인으로 선정한 교사의 인성, 교사 행복감, 교사의 공감능력이 유아-교사 상호작용에 미치는 직접 효과와 간접효과를 분석하기 위해 연구 가설에 의한 [그림Ⅱ-1]의 연구모델을 기초로 [그림Ⅲ-1]과 같이 4개의 측정모델(Measurement Model)과 1개의 구조 모델(Structural Model)로 이루어진 통계모델을 설정하였다.

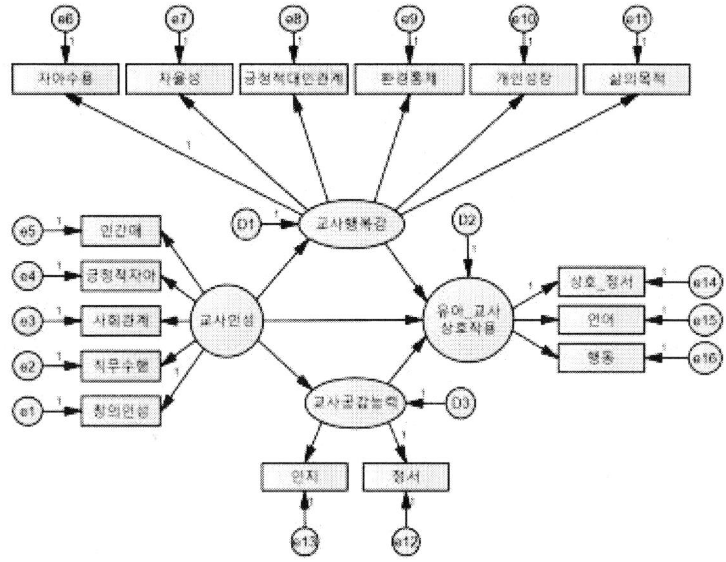

[그림 Ⅲ-1] 통계적 모델

잠재 변인인 교사-유아 상호작용을 측정하기 위해 상호-정서, 언어, 행동을 지표 변수로 선정하였고 잠재변인인 교사 인성을 측정하기 위해 인간애, 긍정적 자아, 사회관계, 직무수행, 창의·인성을 지표 변수로 선정하였다. 잠재 변인인 교사 행복감 변인을 측정하기 위해 자아수용, 자율성, 긍정적 대인관계, 환경 통제, 개인 성장, 삶의 목적을 지표 변수를 선정하였다. 마지막으로 잠재 변인 교사 공감 능력을 측정하기 위해 인지와 정서 요인을 지표 변수로 선정하였다.

통계적 모델은 측정모델 확인 단계와 구조 회귀 모델 검증단계의 2단계 절차(문수백, 2009; Kline, 2011)에 따라, 먼저 AMOS 24.0의 확인적 요인분석을 통해 측정모델의 부합도 평가와 함께 측정모델의 수렴적 타당도와 변별적 타당도를 확인하고 구조모델의 부합도와 모수치를 추정하였다. 측정모델과 구조 회귀모델의 부합도는 Chi- square(χ^2), 표준화된 Chi-square(NC: Normed Chi-square), Steiger-Lind의 90%신뢰구간의 근사치오차평균제곱근(RMSEA), 상대적 부합도 지수인 Tuker지수(TLI: Tuker-Lewis Index)와 비교 부합 지수(CFI: Comparative Fit Index) 그리고 비부합도 지수(SRMR: Standized Root Mean Aquare Residual)를 통해 평가하였으며 유의수준 .05에서 모수치의 통계적 유의성을 검증하였다.

간접효과를 확인하기 위하여 Phantom 변인을 이용한 간접효과 추정모델을 설정한 다음 AMOS 24.0의 Bootstrapping 절차에 따라 간접효과를 추정하고 유의수준 .05에서 통계적 유의성을 검정하였다.

Ⅳ. 연구결과 및 해석

1. 유아교사의 일반적 배경에 따른 주요 변인의 차이

1) 주요 연구 변인의 기술 통계량

(1) 교사-유아의 상호작용에 대한 기술 통계량

교사-유아 상호작용 하위 요인별(정서적, 언어적, 행동적)에 대한 기술 통계량을 계산한 결과 '교사-유아의 상호작용'은 평균 총점이 118.22점으로 나타났다. 항목별 하위 변인의 평균을 살펴보면 '정서적 상호작용'은 평균 39.63점이었고, '행동적 상호작용'은 평균 39.49점이며, '언어적 상호작용'은 평균 39.10점이였다.

이때, '교사-유아의 상호작용'에 대한 하위 3개 영역 중에서 '정서적 상호작용'의 평균 점수가 3.96점, '행동적 상호작용'의 평균점수는 3.95점으로 가장 높으며, '언어적 상호작용'의 평균점수가 3.91점으로 가장 낮게 나타났다.

(2) 유아교사의 인성에 대한 기술 통계량

교사 인성 하위 요인별(인간애, 긍정적 자아, 사회관계, 직무수행, 창의·인성) 기술 통계량을 계산한 결과 〈표 IV-1〉과 같다.

<표Ⅳ-1> 교사의 인성에 대한 하위변인별 기술 통계량

(N=349)

하위 변인	문항 수	영역별 총점		영역별 평균
		범위	평균(표준편차)	평균(표준편차)
인간애	10	18 - 50	35.55(5.33)	3.56(0.53)
긍정적 자아개념	20	50 - 100	76.42(9.25)	3.82(0.46)
사회관계	13	32 - 65	49.90(6.28)	3.84(0.48)
직무수행	13	33 - 65	49.64(5.83)	3.82(0.45)
창의·인성	24	56 - 120	82.13(10.87)	3.42(0.45)
전체	80	204 - 381	293.64(31.78)	3.67(0.40)

교사 인성 하위 요인별(인간애, 긍정적 자아, 사회관계, 직무수행, 창의·인성) 기술 통계량을 계산한 결과 '교사의 인성'은 평균 총점이 293.64점으로 나타났다. 항목별 하위 변인의 평균을 살펴보면 '창의·인성'은 평균 82.13점이었고, '긍정적 자아개념' 은 평균 76.42점이었으며, '사회관계'는 평균 49.90점이었다. 또한, '직무수행'은 평균 49.64점이며, '인간애'는 평균 35.55점으로 나타났다.

이때, '교사의 인성'에 대한 하위 5개 영역 중에서 '사회관계'의 평균 점수가 3.84점으로 가장 높았고, '직무수행'의 평균 점수는 3.82, '긍정적 자아개념'의 평균 점수 3.82점, '인간애'의 평균 점수 3.56점 순으로 높으며, '창의·인성'의 평균 점수가 3.42점으로 가장 낮게 나타났다.

(3) 유아교사의 행복감에 대한 기술 통계량

교사 행복감 하위요인별(자아수용, 자율성, 긍정적 대인관계, 환경에 대한 통제력, 개인 성장, 삶의 목적) 기술 통계량을 계산한 결과 '교사의 행복감'은 평균 총점이 160.04점으로 나타났다. 항목별 하위 변인의 평균을 살펴보면 '개인 성장'은 평균 31.97점이었고, '환경에 대한 통제력'은 평균 27.60점이며, '자아수용'은 평균 27.30점이었다. 또한, '삶의 목적'의 평균은 25.98점이며, '긍정적 대인관계'는 평균 25.32점, '자율성'의 평균은 21.89점으로 나타났다.

이때, '교사의 행복감'에 대한 하위 6개 영역 중에서 '삶의 목적'의 평균 점수가 3.71점으로 가장 높았고, '긍정적 대인관계'의 평균 점수는 3.62점, '개인 성장'의 평균 점수 3.55점, '환경에 대한 통제력'의 평균 점수 3.45 점, '자아수용'의 평균 점수 3.41점 순으로 높으며, '자율성'의 평균 점수가 3.13점으로 가장 낮게 나타났다.

(4) 유아교사의 공감 능력에 대한 기술 통계량

교사의 공감 능력 하위 요인별(인지적, 정서적)에 대한 기술 통계량을 계산한 결과 '교사의 공감 능력'은 평균 총점이 110.97점으로 나타났다. 항목별 하위 변인의 평균을 살펴보면 '정서적 공감'은 평균 57.7점이었고, '인지적 공감'은 평균 53.19점이였다. 이때, 교사의 공감 능력에 대한 하위 2개 영역 중에서 '정서적 공감'의 평균 점수가 3.85점으로 높았고, '인지적 공감'의 평균 점수는 3.55점으로 낮게 나타났다.

2) 유아교사의 일반적 배경에 따른 교사-유아의 상호작용 차이

교사의 성별, 연령, 결혼 여부, 최종 교육과정, 교육경력, 지위, 기관 유형, 근무시간에 따라 교사-유아 상호작용에 있어서 차이가 있는지 알아보기 위해 통계적 유의성 검정을 실시한 결과 〈표 IV-2〉 와 같다.

(*N*=349)

변인		*n*	평균(표준편차) /평균 순위	등분산성		차이검정		
				≤ *ven*	*p*	$t/U/\chi^2/$ *F*/ *Welch*	*p*	
성별	여성	347	174.50			173.500	0.222	
	남성 ※	2	261.75					
연령	25세 이하	28	115.75(10.73)	1.608	0.157	3.787	0.002	* *
	26 - 30세	62	114.53(13.56)					
	31 - 35세	55	118.22(14.21)					
	36 - 40세	62	117.05(13.56)					
	41 - 45세	71	117.49(17.06)					
	46세 이상	71	124.17(11.53)					
결혼 여부	미혼	105	116.68(12.23)	2.639	0.105	-1.338	0.182	
	기혼	244	118.89(14.88)					
최종 교육 과정	보육교사양성과정수료	62	146.08			9.823	0.020	*
	2·3년제 대학교 졸업	167	173.39					
	4년제 대학교 졸업	100	187.70					
	대학원졸업 ※	20	214.63					
교육 경력	1년 미만	31	118.26(12.32)	3.431	0.005 *	1.805	0.116	
	1 - 3년	65	117.26(11.21)					
	3 - 5년	59	116.37(16.10)					
	5 - 8년	73	116.41(12.91)					
	8 - 10년	48	117.00(12.73)					
	10년 이상	73	123.16(16.73)					
직위 *N*=343	방과 후 과정 및 종일반 교사	32	115.66(10.92)	2.476	0.061	1.951	0.121	
	정규학급 담임교사	251	117.70(13.78)					
	부장(주임)교사	25	119.96(17.47)					
	원감	35	123.09(17.16)					
기관 유형 *N*=348	단설·병설 유치원 ※	2	159.25			1.277	0.937	
	사립 유치원	53	169.25					
	국·공립 어린이집	13	156.65					
	법인·단체 어린이집	19	189.76					
	민간 어린이집	216	176.78					
	가정 어린이집	45	169.14					
근무 시간 *N*=348	8시간미만	36	118.72(14.99)	4.272	0.006 *	1.127	0.350	
	8 - 10시간	266	117.62(13.42)					
	10 - 12시간	32	122.91(15.50)					
	12시간 이상	14	117.29(21.27)					

※ : 정규성 만족하지 않는 항목 * p<0.05 ** p<0.01 *** p<0.001

〈표IV-2〉 유아교사의 일반적 배경에 따른 교사-유아의 상호작용 차이

유아 교사의 일반적 배경에 따른 교사-유아 상호작용 차이는 연령, 최종 교육과정에서는 차이가 있는 것으로 나타났으며, 성별, 결혼 여부, 교육경력, 직위, 기관 유형, 근무시간에서는 차이가 없는 것으로 나타났다.

3) 유아교사의 일반적 배경에 따른 인성 차이

교사의 성별, 연령, 결혼여부, 최종교육과정, 교육경력, 지위, 기관유형, 근무시간에 따른 인성에 있어서 차이가 있는지 알아보기 위해 통계적 유의성 검정을 실시한 결과 〈표 Ⅳ-3〉와 같다.

〈표Ⅳ-3〉 유아교사의 일반적 배경에 따른 인성 차이

(N=349)

변인		n	평균(표준편차)/평균 순위	등분산성		차이검정	
				$\leq vene$	p	$t/U/\chi^2/F/Welch$	p
성별	여성	347	174.71			246.500	0.480
	남성※	2	225.25				
연령	25세 이하	28	285.89(28.56)	1.018	0.407	2.247	0.049*
	26 - 30세	62	284.40(29.73)				
	31 - 35세	55	294.89(31.91)				
	36 - 40세	62	295.45(29.22)				
	41 - 45세	71	294.90(36.89)				
	46세 이상	71	300.93(29.77)				
결혼 여부	미혼	105	289.91(28.90)	1.378	0.241	-1.437	0.151
	기혼	244	295.24(32.87)				

최종 교육 과정	보육교사양성과정 수료	62	150.51				
	2·3년제 대학교 졸업	167	168.38			20.426	0.000***
	4년제 대학교 졸업	100	183.58				
	대학원졸업※	20	263.33				
교육 경력	1년 미만	31	294.48(24.82)				
	1 - 3년	65	292.46(32.09)				
	3 - 5년	59	288.81(33.12)	2.404	0.037*	4.026	0.002***
	5 - 8년	73	284.93(24.99)				
	8 - 10년	48	293.23(32.59)				
	10년 이상	73	307.19(34.99)				
직위 N=343	방과 후 과정 및 종일반 교사	32	294.34(25.87)				
	정규학급 담임교사	251	291.20(31.27)	2.131	0.096	2.829	0.039*
	부장(주임)교사	25	296.60(40.96)				
	원감	35	307.54(31.51)				
기관 유형 N=348	단설·병설 유치원※	2	103.00				
	사립 유치원	53	177.47				
	국·공립 어린이집	13	173.50			1.128	0.952
	법인·단체 어린이집	19	169.00				
	민간 어린이집	216	175.17				
	가정 어린이집	45	173.56				
근무 시간 N=348	8시간미만	36	290.97(26.98)				
	8 - 10시간	266	292.98(31.28)				
	10 - 12시간	32	303.03(34.17)	1.939	0.123	1.219	0.303
	12시간 이상	14	287.79(43.09)				

※ : 정규성 만족하지 않는 항목　　* $p<0.05$　** $p<0.01$　*** $p<0.001$

유아교사의 일반적 배경에 따른 인성의 차이는 성별, 결혼 여부, 기관 유형, 근무시간에서는 차이가 없었으나, 연령, 최종 교육과정, 교육경력, 직위에서는 유의미한 차이가 있는 것으로 나타났다.

4) 유아교사의 일반적 배경에 따른 행복감 차이

유아교사의 성별, 연령, 결혼 여부, 최종 교육과정, 교육경력, 지위, 기관 유형, 근무 시간에 따라 교사 행복감에 있어서 차이가 있는지 알아보기 위해 통계적 유의성 검정을 실시한 결과 〈표 IV-4〉 와 같다.

〈표IV-4〉 유아교사의 일반적 배경에 따른 행복감 차이

(*N*=349)

변인		*n*	평균(표준편차) /평균 순위	등분산성			차이검정	
				≤ *ven*	*p*		*t*/ *U*/ χ^2/ *F*/ *Welch*	*p*
성별	여성	347	174.32				109.500	0.095
	남성 ※	2	293.75					
연령	25세 이하	28	156.64(15.21)	1.554	0.173		1.464	0.201
	26 - 30세	62	155.82(17.91)					
	31 - 35세	55	161.02(16.99)					
	36 - 40세	62	160.39(17.35)					
	41 - 45세	71	160.89(19.94)					
	46세 이상	71	163.14(15.31)					
결혼 여부	미혼	105	157.73(17.41)	0.110	0.740		-1.620	0.106
	기혼	244	161.03(17.44)					
최종 교육 과정	보육교사양성과정수료	62	159.95(19.20)	3.079	0.028	*	1.478	0.227
	2·3년제 대학교 졸업	167	158.90(16.46)					
	4년제 대학교 졸업	100	160.03(16.56)					
	대학원졸업	20	169.80(22.37)					
교육 경력	1년 미만	31	160.26(14.95)	2.555	0.027	*	1.767	0.123
	1 - 3년	65	161.15(19.52)					
	3 - 5년	59	158.12(16.34)					
	5 - 8년	73	156.47(14.06)					
	8 - 10년	48	159.71(18.94)					
	10년 이상	73	164.29(19.00)					
직위 *N*=343	방과 후 과정 및 종일반 교사	32	160.69(16.17)	1.885	0.132		0.411	0.745
	정규학급 담임교사	251	159.49(17.24)					
	부장(주임)교사	25	161.08(21.87)					
	원감	35	162.80(17.98)					
기관 유형 *N*=348	단설·병설 유치원 ※	2	175.75				4.766	0.445
	사립 유치원	53	178.47					
	국·공립 어린이집	13	182.35					
	법인·단체 어린이집	19	213.18					
	민간 어린이집	216	167.14					
	가정 어린이집	45	186.48					
근무 시간 *N*=348	8시간미만	36	160.78(15.71)	1.096	0.351		0.336	0.799
	8 - 10시간	266	159.84(17.43)					
	10 - 12시간	32	161.72(17.30)					
	12시간 이상	14	156.36(23.07)					

※ : 정규성 만족하지 않는 항목 * p<0.05 ** p<0.01 *** p<0.001

유아교사의 일반적 배경에 따른 행복감 차이는 성별, 연령, 결혼 여부, 최종 교육 과정, 교육경력, 직위, 기관 유형, 근무시간 모두에서 차이가 없는 것으로 나타났다.

5) 유아교사의 일반적 배경에 따른 공감 능력 차이

유아교사의 성별, 연령, 결혼 여부, 최종 교육과정, 교육경력, 지위, 기관 유형, 근무 시간에 따라 교사 공감 능력에 있어서 차이가 있는지 알아보기 위해 통계적 유의성 검정을 실시한 결과 〈표 Ⅳ-5〉 와 같다.

〈표IV-5〉 유아교사의 일반적 배경에 따른 공감 능력 차이

(N=349)

변인		n	평균(표준편차)/평균 순위	등분산성 ≤ ven	p	차이검정 $t/U/\chi^2/F$/ Welch	p
성별	여성	347	174.65			227.000	0.399
	남성 ※	2	235.00				
연령	25세 이하	28	109.96(11.61)	0.924	0.465	1.121	0.349
	26 - 30세	62	109.87(12.31)				
	31 - 35세	55	111.87(13.65)				
	36 - 40세	62	111.16(11.00)				
	41 - 45세	71	109.07(12.62)				
	46세 이상	71	113.38(11.10)				
결혼 여부	미혼	105	111.26(12.59)	1.531	0.217	0.286	0.775
	기혼	244	110.85(11.90)				
최종 교육 과정	보육교사양성과정수료	62	160.52			5.616	0.132
	2·3년제 대학교 졸업	167	171.63				
	4년제 대학교 졸업	100	180.78				
	대학원졸업 ※	20	219.10				
교육 경력	1년 미만	31	110.94(11.26)	1.671	0.141	0.861	0.507
	1 - 3년	65	111.62(11.72)				
	3 - 5년	59	110.17(14.00)				
	5 - 8년	73	109.15(10.50)				
	8 - 10년	48	110.71(11.38)				
	10년 이상	73	113.07(13.06)				
직위 N=343	방과 후 과정 및 종일반 교사	32	110.81(10.70)	0.394	0.757	0.569	0.636
	정규학급 담임교사	251	110.77(12.38)				
	부장(주임)교사	25	109.52(11.84)				
	원감	35	113.29(11.70)				
기관 유형 N=348	단설·병설 유치원 ※	2	49.75			7.822	0.166
	사립 유치원	53	170.96				
	국·공립 어린이집	13	163.65				
	법인·단체 어린이집	19	222.13				
	민간 어린이집	216	171.90				
	가정 어린이집	45	179.70				
근무 시간 N=348	8시간미만	36	108.08(12.61)	3.574	0.014 *	0.930	0.435
	8 - 10시간	266	110.98(11.65)				
	10 - 12시간	32	112.34(12.03)				
	12시간 이상	14	114.71(18.23)				

※ : 정규성 만족하지 않는 항목 * $p<0.05$ ** $p<0.01$ *** $p<0.001$

유아교사의 일반적 배경에 따른 공감 능력의 차이는 성별, 연령, 최종 교육과정, 교육경력, 기관 유형, 근무시간 모두에서 차이가 없는 것으로 나타났다.

2. 유아교사의 인성, 행복감, 공감 능력과 교사-유아 상호작용 간의 구조적 관계분석

1) 측정 변인 간의 상호상관 행렬 및 기술 통계치

자료 수집을 통해 표집 한 349명의 자료에 대한 측정 변인 간의 상호상관 행렬과 각 측정 변인의 평균, 표준편차 및 왜도와 첨도를 추정한 결과 〈표 IV-6〉 와 같다.

〈표IV-6〉 측정변인 간의 상호상관행렬 및 기술 통계치

	측정변인	1	2	3	4	5	6	7	8	9	10	11	12	13	14	15	16
인성	1.인간애	1.00															
	2.긍정적 자아개념	.61	1.00														
	3.사회관계	.60	.78	1.00													
	4.직무수행	.58	.75	.76	1.00												
	5.창의인성	.57	.60	.63	.61	1.00											
행복감	6.자아수용	.36	.47	.43	.48	.37	1.00										
	7.자율성	.10	.31	.27	.29	.25	.30	1.00									

	8.긍정적 대인관계	.26	.34	.39	.39	.16	.38	.32	1.00								
	9.환경에 대한통제력	.39	.45	.46	.43	.33	.43	.32	.58	1.00							
	10.개인성장	,33	.47	.46	.44	.22	.30	.33	.57	.47	1.00						
	11.삶의 목적	.34	.43	.52	.51	.26	.36	.30	.63	.57	.60	1.00					
공감 능력	12.인지적	.46	.51	.62	.52	.50	.28	.13	.34	.40	.43	.45	1.00				
	13.정서적	.47	.48	.58	.48	.39.	.26	.15	.40	.41	.42	.46	.72	1.00			
교사-유아 상호작용	14.상호-정서적	.55	.66	.71	.65	.50	.45	.37	.37	.51	.48	.53	.55	.59	1.00		
	15.언어적	.53	.62	.69	.63	.51	.43	.34	.32	.49	39	.45	.53	.54	.92	1.00	
	16.행동적	.53	.63	.70	.63	.50	.44	.34	.36	.49	.43	.50	.57	.58	.91	.91	1.00
분포 특성	평 균	35.5	76.4	49.9	49.6	82.2	27.3	21.9	25.3	27.6	31.9	25.9	53.2	57.8	39.6	39.1	39.5
	표준편차	5.33	9.25	6.28	5.83	10.9	3.47	2.54	4.47	3.63	4.97	4.34	6.29	6.76	4.98	4.84	4.77
	사 례 수	349	349	349	349	349	349	349	349	349	349	349	349	349	349	349	349
	왜 도	.13	.01	.01	.04	.52	.10	.60	.07	.46	.31	.21	-.01	.08	.04	.18	.05
	첨 도	.16	-.26	-.01	-.10	.53	-.17	1.78	-.51	.22	-.66	-.67	.79	-.42	-.03	.13	.00

1:인간애 2:긍정적 자아개념 3:사회관계 4:직무수행 5:창의인성 6:자아수용 7:자율성 8:긍정적 대인관계 9:환경에대한 통제력 10:개인성장 11:삶의 목적 12:인지적 13: 정서적 14:상호정서적 15:언어적 16;행동적

2) 측정모델의 부합도 및 모수치 추정

유아교사의 인성, 행복감, 공감 능력과 교사-유아 상호작용 간의 구조적 관계를 알아보기 위해 구조방정식 모델의 2단계 분석 절차(Kline, 2009, 문수백, 2009)에 따라 AMOS 24.0을 이용하여 측정모델과 구조 회귀 모델의 부합 도와 모수치를 추정하였다.

(1) 측정모델의 부합도 추정 결과

[그림Ⅵ-1]과 같은 측정모델의 모델 부합도를 알아보기 위해 최 대우도 추정법(Maximum Likelihood Estimation)을 사용하여 모델 부합도를 추정한 결과 〈표 Ⅳ- 7〉와 같다.

〈표Ⅳ-7〉 측정모델의 부합도 지수

모델	NPAR	DF	CMIN	NC	TLI	CFI	SRMR	RMSEA(.07)	
								LO90	HI90
측정 모델	38	98	298.83	3.049	.94	.95	.05	.06	.08

측정모델의 부합도를 평가하기 위해 문수백(2009)과 Kline(2011)의 권장에 의해 절대 부합도 지수인 Chi-Square(χ^2), 표준화된 Chi-Sqaure(NC: Normed Chi- Square), Steiger-Lind의 90% 신뢰구간의 근사치 오차 평균제곱근(RMSEA), 상대적 부합도 지수인 Tucker 지수(TLI: Tucker-Lewis Index)와 비교 부합 지수(CFI: Comparative Fit Index) 그리고 비부합지수(SRMR:

Standized Root Mean Aquare Residual)를 추정하였다. 〈표IV-7〉에서 제시한 바와 같이 RMSEA(.06~.08)를 포함한 모든 부합도 지수가 평가 기준을 양호하게 충족하는 것으로 나타남에 따라 본 모델의 설정이 신뢰하고 타당함이 확인되었다.

(2) 측정모델의 모수치 추정 결과

측정모델의 부합도 지수가 양호한 것으로 나타남으로써 확인적 요인분석(Confirmatory Factor Analysis)을 통해 측정모델의 모수치를 추정한 결과 [그림IV-2]와 같다.

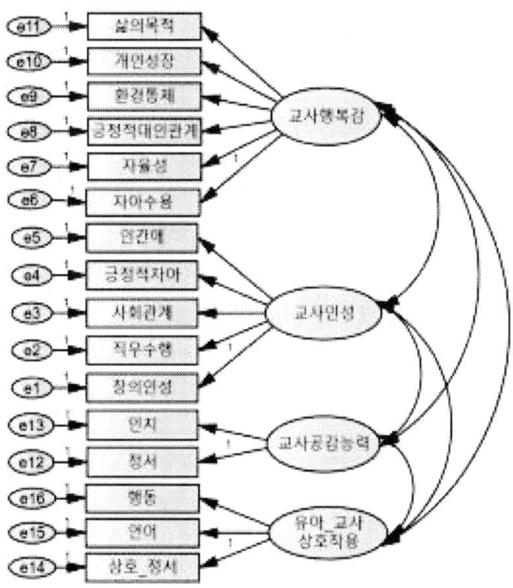

[그림VI-1] 측정모델

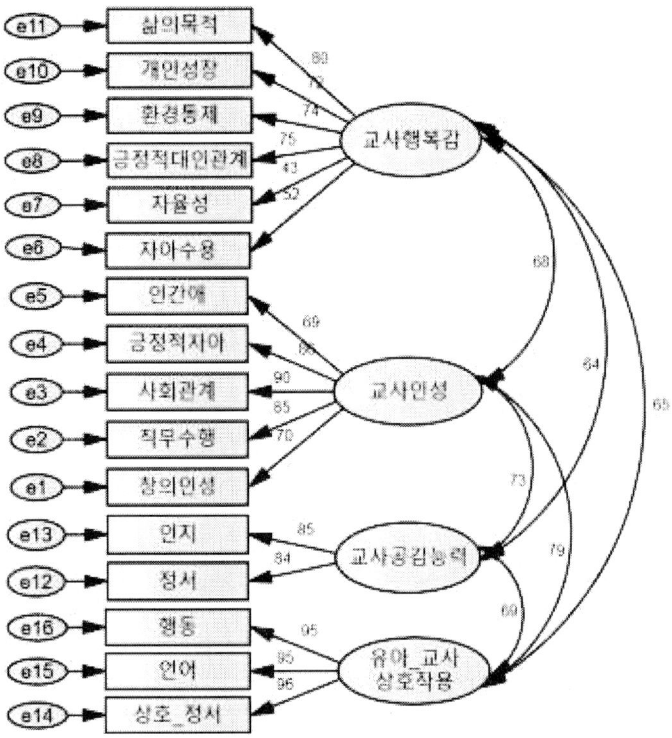

[그림 Ⅳ-2] 측정모델의 모수치 추정결과

[그림 Ⅳ-2]에서 볼 수 있는 바와 같이 측정모델의 모수치 추정 결과, 먼저 잠재 변인들(교사의 인성, 행복감, 공감 능력과 교사-유아 상호작용) 간의 상관계수를 살펴보면 잠재 변인들 간의 상관계수가 .64~.79사이로 나타났다. 모델 속에 설정된 요인들은 동일한 구성개념을 측정하기 위해 설정된 하위 요인이기 때문에 잠재 변인들 간의 상관계수는 변별 타당도를 위해 .85이하가 되어야 한다(문수백, 2009; Kline, 2011). 잠재 변인들 간의 상관계수가 .85이상이면 두 잠재 변인이 같은 요인을 측정하는 것으로 볼 수 있기 때문이다. 본 연구에 나타난 잠재 변인들 간의 상관계수는 모두 .85 이하로 나타났기 때문에 측정모델의 변별타

당도(discriminant validity)를 만족시키는 것으로 볼 수 있다. 잠재 변인을 측정하기 위한 목적으로 사용된 관찰 변인을 지표 변인이라고 하는데(문수백, 2009), 잠재변인과 지표 변인간의 평균 요인 부하량은 수렴적 타당도(convergent validity)를 위해 평균이 최소한 .50이상이 되어야 한다. 각각의 잠재변인에 대한 지표 변인의 요인 부하량을 살펴보면, 잠재 변인 교사 행복감의 지표 변인들의 요인 부하량은 자아수용=.52 자율성=.43 긍정적 대인관계=.75 환경에 대한 통제력=.74 개인 성장=.72 삶의 목적=.80으로 나타났으며 잠재 변인 교사 인성의 지표 변인들의 요인 부하량은 인간애=.69 긍정적 자아=.86 사회관계=.90 직무수행=.85 창의인성=.70으로 나타났다. 또한 공감 능력 잠재변인의 지표 변인들의 요인 부하량은 인지적=.85 정서적=.84로 나타났다. 그리고 교사-학생 상호작용 변인에 대한 지표 변인의 요인 부하량은 상호 정서=.96 언어적=.95 행동적=.95로 나타났다.

이와 같이 각 잠재 변인에 대한 지표 변인들의 요인 부하량의 평균이 .50이상 되는 것으로 나타났기 때문에 각각의 잠재 변인에 대한 수렴적 타당도(convergent validity)의 기준을 만족시키는 것으로 볼 수 있다. 이러한 결과는 본 연구의 통계적 모델에서 잠재 변인이 설정된 지표 변수들을 통해 신뢰하고 타당하게 측정되었음을 말해준다.

3) 주요 연구 변인들의 구조 회귀 모델 부합도 및 모수치 추정

측정모델의 부합도가 양호한 것으로 나타났기 때문에 최대 우도 추정법(Maximum Likelihood Estimation)을 사용하여 연구모델인 구조 회귀 모델의 부합도를 추정하여 주요 변인들 간의 직접 효과와 간접효과를 검증하였다.

(1) 연구모델의 부합도 추정 결과

이론적 배경 및 선행연구의 고찰을 바탕으로 설정된 연구모델이 수집한 자료와 얼마나 부합하는지를 평가하기 위해 모델 부합도 지수를 추정한 결과 〈표 IV-8〉 과 같다.

〈표Ⅳ-8〉 연구모델의 부합도 지수

모델	NPAR	DF	CMIN	NC	TLI	CFI	SRMR	RMSEA(.07)	
								LO90	HI90
구조회귀	37	99	31.83	3.15	.94	.95	.05	.06	.08

연구모델의 부합도를 평가하기 위해 문수백(2009)과 Kline(2011)의 권장에 의해 절대 부합도 지수인 Chi-Square(χ^2), 표준화된 Chi-Sqaure(NC: Normed Chi-Square), Steiger-Lind의 90% 신뢰구간의 근사치 오차 평균제곱근(RMSEA), 상대적 부합도 지수인 Tucker 지수(TLI: Tucker-Lewis Index)와 비교 부합 지수 (CFI: Comparative Fit Index) 그리고 비부합지수(SRMR: Standized Root Mean Aquare Residual)를 추정하였다. 〈표 IV-8〉에서 제시한 바와 같이 RMSEA(.06~.08)를 포함한 모든 부합도 지수가 평가 기준을 양호하게 충족하는 것으로 나타남에 따라 본 모델의 설정이 신뢰하고 타당함이 확인되었다.

(2) 주요 연구 변인들 간의 직접 효과 분석

연구모델의 부합도 지수가 양호한 것으로 나타났기 때문에 연구모델의 모수치를 추정한 결과 [그림 Ⅳ-3]과 같이 나타났으며, 모수치에 대한 통계적 유의성 결과는 〈표 Ⅳ-9〉와 같다.

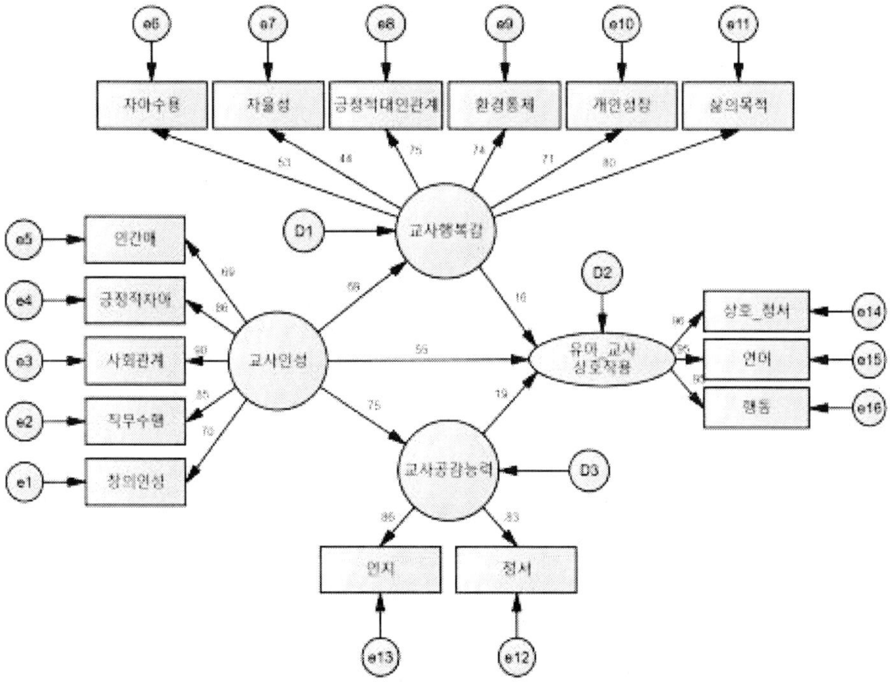

[그림 Ⅳ-3] 연구모델의 표준화 계수

〈표 Ⅳ-9〉에서 보는 바와 같이 연구모델의 변인들 간의 경로계수의 통계적 유의성 검증 결과 첫째, 교사 인성(B=.345, p=.001), 교사 행복감(B=.414, p=.006), 교사 공감 능력(B=.159, p=.004)이 교사-유아 상호작용에 유의수준 .01에서 모두 통계적으로 유의하게 직접적인 영향을 미치는 것으로 나타났다.

둘째, 교사 인성(B=.168, p=.001)이 교사 행복감에 직접적으로 영향을 미치는 것으로 나타났다. 마지막으로, 교사 인성(B=.557, p=.001)이 교사 공감 능력에 미치는 직접 효과 역시 통계적으로 유의한 것으로 나타났다.

〈표Ⅳ-9〉 연구모델의 모수치 추정 및 통계적 유의성 검증 결과

변 인			비표준화 계수	S.E.	C.R.	p	표준화계수
교사인성	→	교사-유아상호작용	.35	.05	6.66*	.001	.55
교사 행복감	→	교사-유아상호작용	.41	.15	2.74*	.006	.16
교사 공감 능력	→	교사-유아상호작용	.16	.06	2.90*	.004	.19
교사 인성	→	교사 공감 능력	.56	.05	11.09*	.001	.75
교사 인성	→	교사행복감	.17	.02	7.93*	.001	.69

*p 〈.05

(3) 유아교사의 인성이 행복감과 공감 능력을 통해 교사-유아 상호작용에 미치는 간접 효과

교사 인성이 교사의 행복감 변인과 교사 공감 능력 변인을 통해 교사-학생 상호작용에 미치는 간접효과를 추정하기 위해 [그림 Ⅳ-4]와 같이 Phantom 변수를 이용한 간접효과 모델을 설정한 다음 AMOS 24.0의 Bootstrapping 절차를 이용하여 간접효과를 추정한 결과 〈표 Ⅳ-1〉와 같다.

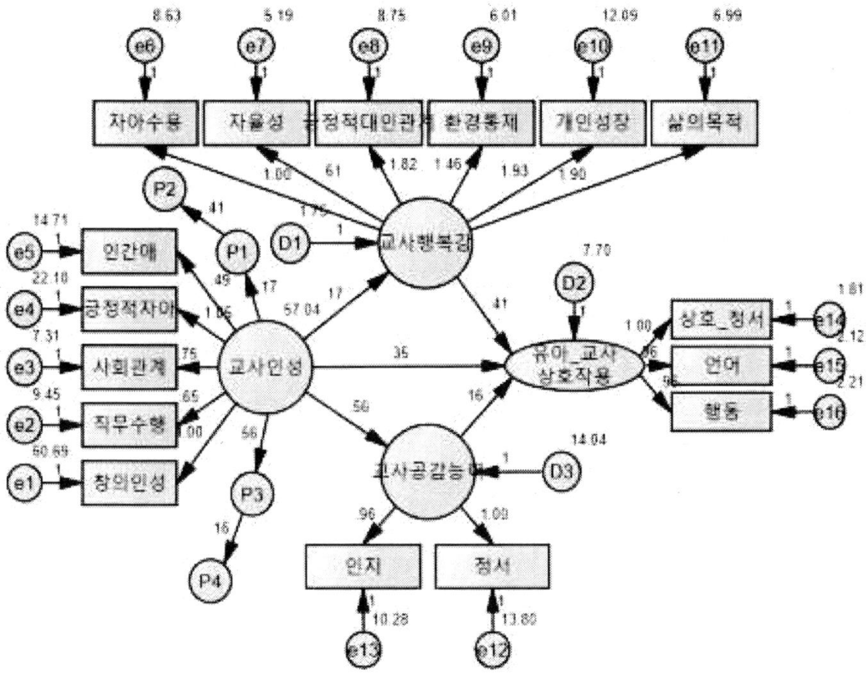

〔그림 Ⅳ-4〕 간접효과의 비표준화 계수 추정 결과

〈표Ⅳ-10〉 연구모델의 간접효과 추정 및 통계적 유의성 검증 결과

(소수점 셋째 자리에서 반올림하여 표기함)

변인					간접효과 비표준화계수	
					B	*p*
교사 인성	→	교사 행복감	→	교사-유아 상호작용	.07	.01
교사 인성	→	교사 공감 능력	→	교사-유아 상호작용	.09	.005

$^*p$ 〈.05

〈표Ⅳ-10〉에서 나타난 바와 같이, 첫째, 교사 인성은 교사 행복감을 매개로 교사-유아 상호작용에 통계적으로 유의하게 간접적 영향을 미치는 것으로 나타났다(B=.07, p=.01). 둘째, 교사 인성은 교사 공감 능력을 매개로 교사-유아 상호작용에 통계적으로 유의하게 간접적 영향을 미치는 것으로 나타났다(B=.09, p=.005).

V. 논의 및 결론

1. 논의

본 연구에서는 유아교사의 교사-유아 상호작용을 종속변인으로 하고 독립변인으로 유아교사의 인성, 유아교사의 행복감, 그리고 유아교사의 공감능력을 선정하여 각각의 독립변인이 교사-유아 상호작용에 어떤 경로를 통해 영향을 미치는지 알아보고자 하였다. 이를 위해 이론적 배경 및 선행연구를 고찰하고, 이를 토대로 설정한 가설적 연구모델에서 각각의 잠재 변인들이 교사-유아 상호작용에 영향을 미치는 경로를 설정하였으며, 구조방정식 모델링을 통해 가설적 연구모델이 실제 자료와 일치하는지를 분석하였다.

본 연구의 연구 문제는 각 변인 간의 직접 효과 여부이다. 그리고 간접효과의 경우 연구자의 직접적인 관심 현상이 아니더라도 변인들 간의 직접 효과의 범위를 넘어선 새로운 현상이기 때문에 직접 효과를 논의하는 과정 속에 간접적인 효과가 존재할 수 있는 논리적 추론을 제시하면서 그 의의와 가능성을 논의할 수 있으므로(문수백, 2009) 본 연구에서도 간접효과를 확인하기 위하여 AMOS 24.0에서 Phantorm 변수를 이용한 간접효과를 추정 및 검정하였다.

본 연구결과에 대한 구체적 의미와 논의점을 살펴보면 다음과 같다.

첫째, 유아교사의 인성이 교사-유아 상호작용에 어떠한 영향을 미치는지 살펴본 결과 유아교사의 인성이 교사-유아 상호작용에 직접적인 영향을 미치는 것으로 확인되었다. 본 연구에서 정의하는 유아교사의 인성은 한 개인이 갖는 개인적이며 사회적인 행동, 지식, 태도와 가치관을 포함한 포괄적인 개념으로써, 개인이 속한 사회 또는 집단의 일원으로 살아가기 위해 요구되는 바람직한 사회적인 개인 특성으로 정의한다(전재선, 2011). 이러한 정의에 입각하여 본 연구의 결과를 선행연구들과 비교해 보면 다음과 같다.

본 연구의 결과는 유아교사의 인성이 교사-유아 상호작용에 직접적인 영향을 미친다는 연구결과(김선희, 2017; 이정금, 2016; 정다우리, 2013; 최미곤·황인옥, 2016)와 일맥상통한다. 즉, 유아교사의 인성이 높게 나타나면 교사-유아 상호작용 간의 관계는 긴밀해지고 교사-유아 상호작용도 긍정적 영향을 받아 높아지고 활발히 이루어지는 것으로 볼 수 있다.

이정금(2016)의 연구에서 교사의 인성은 교사-유아 상호작용 관계에 영향을 미치는데 유아 인성과 교사-유아 상호작용 관계에서 남아와 여아 모두 교사와의 관계가 친밀할수록 인성 수준이 높았다. 그 외에도 교사-유아 상호작용 관계를 보완하는데 있어 교사 인성이 효과가 있으며(이혜원·임수진, 2007), 영유아의 정서, 사회적 문제 행동에 대해 교사의 인성이 큰 영향력을 가지며(이순복, 2009), 유아의 전인적 발달은 교사와 유아의 관계에 영향을 받는다는 연구결과(최선미, 2016)가 보고되고 있다.

따라서 유아교사의 인성은 교사-유아 상호작용에 중요하게 영향을 미칠 수 있는 변인임을 알 수 있다. 결과적으로 훌륭한 인성을 갖춘 교사는 수업을 처음부터 끝까지 근원적인 인간화 과정으로 생각하는 관점에서(Hamachek, 1992, 재인용) 사람됨의 가치를 우선에 두고, 영유아의 발달 과정에서 교사가 가진 훌륭한 인성 특성이 영유아의 모델이 된다면 올바른 인간 형성의 교육목표를 달성 할 수 있을 것으로 사료된다.

둘째, 유아교사의 행복감이 교사-유아 상호작용에 어떠한 영향을 미치는지 살펴본 결과 유아교사의 행복감이 교사-유아 상호작용에 직접적인 영향을 미치는 것으로 확인되었다. 즉, 자아수용, 자율성, 긍정적 대인관계, 환경에 대한 통제력, 개인 성장, 삶의 목적 등의 태도 및 행동이 교사-유아 상호작용에 직접적인 영향을 미친다는 것이다.

본 연구의 결과는 유아교사의 행복감이 높을수록 교사-유아 상호작용이 높게 나타난다는 두 변인 간의 연구(모연례, 2014; 정다우리, 2013; 이혜련·최보미·강호수, 2018)와 일맥상통하다.

그 밖에도 교사-유아 상호작용에 직접적인 영향을 미치고 있다는 연구(김기철·신애선, 2016; 권미성·문혁준, 2013; 박희숙, 2017; 정다우리, 2013; 천향숙·조은진, 2011; 홍지명, 2015; 황해익·탁정화·홍성의, 2013; Arbeau & Coplan, 2007; Breeman et al.. 2015; Mashburn et al., 2006; Hamre, Pianta, Downer & Mashburn, 2008, 재인용) 등 본 연구결과를 뒷받침하고 있다. 이상의 연구결과 이외에 교사의 긍정적 정서 상태와 생활에 대한 만족감을 나타내는 행복감이 유아들에게 그대로 전이될 수 있으므로 교사의 역할수행에 있어서 중요하다고 강조한 연구(이경민·최윤정·이경애, 2012; 정다우리, 2013)에서와 같이 교사의 행복감은 교수 행동과 수행능력을 긍정적으로 촉진할 수 있는 요인이며, 교사-유아 상호작용의 질에 주요한 영향을 미친다. 이러한 중요성을 인식하여 교육현장에서도 교사의 행복감을 담아내려는 움직임이 포착되고 있다 (김미진·김병만, 2012). 이는 행복 추구에 대한 교사의 당위성에 대한 재인식으로 유아교사의 행복과 유아교육전문가로서의 행복한 삶의 질을 증진시키는데 기여할 것으로 본다. 따라서 이러한 유아교사의 행복감이 증진되면 이는 교사-유아 상호작용에 긍정적인 영향을 미치게 될 것으로 사료된다.

셋째, 유아교사의 공감 능력이 교사-유아 상호작용에 어떠한 영향을 미치는지 살펴본 결과 유아교사의 공감 능력이 교사-유아 상호작용에 직접적인 영향을 미치는 것으로 확인되었다.

본 연구의 결과는 유아교사의 공감 능력이 향상되면 교사-유아 상호작용이 향상되어 유아와의 상호작용에 시너지 효과를 얻어 상호작용의 질이 높게 나타난 연구(박희숙, 2017)와 일맥상통하며, 공감이 높을수록 교사와 유아 간 상호작용이 높게 나타난다는 연구(우수경·서윤희, 2016)와 일맥상통한다. 따라서 교사의 공감 능력을 향상시킬 수 있는 교육을 지속적으로 실시할 필요가 있다.

넷째, 유아교사의 인성이 교사의 행복감에 어떠한 영향을 미치는지 살펴본 결과 유아교사의 인성이 교사의 행복감에 직접적인 영향을 미치는 것으로 확인되었다.

본 연구의 결과는 유아교사의 인성이 교사의 행복감에 직접적인 영향을 미친다는 연구결과(강현미·박소윤, 2017; 정명자, 2016)와 일맥상통한다. 따라서 유아교사의 인성을 높일 수 있도록 교육기관에서는 프로그램 개발과 교육을 실시해야 할 것이다.

다섯째, 유아교사의 인성이 교사의 공감 능력에 어떠한 영향을 미치는지 살펴본 결과 유아교사의 인성은 교사의 공감 능력에 직접적인 영향을 미치는 것으로 확인되었다.

시대가 요구하는 교육의 사조는 끊임없이 변화되어 왔지만, 교사에게 요구되는 핵심 역량 중 하나는 인성이다. 실제로 영유아의 사회·정서적 문제행동에 대해 부모의 인성보다 유아교사의 인성이 더 큰 영향을 가진다는 선행연구(이순복, 2009 ; 이은주, 2006)에서도 알 수 있듯이 교사의 인성은 유아에게 지대한 영향을 미친다.

유아교사의 인성과 하위 요인 인간애, 긍정적 자아, 사회관계, 직무수행, 창의인성은 공감 능력 전체와 그 하위 요인인 인지적 공감, 정서적 공감과 정적 상관관계를 가지고 있으며, 인성과 공감 능력이 상호관계를 갖는다는 선행연구(김승일·차승주, 2015)는 본 연구를 지지하며 인성과 공감이 정적 상관관계의 특성을 확인할 수 있다.

이는 인성과 공감 능력의 관계에 대한 실증적 연구가 부족한 상황에서 공감 능력의 함양을 통해 자연스럽게 인성이 변화되기에 인성교육의 목적과 방향은 공감에 있어야 한다(이인경, 2014).

그러므로 교사의 인성교육에 공감이 들어가야 하고(전재선, 2013), 직·간접적인 공감의 경험을 통해 인성이 변화될 수 있다는 연구(이은영, 2015)에 실증적인 기초자료를 제공하는 것으로 인성교육의 내용 및 방향에 있어 공감의 필요성을 확인할 수 있다(최은아, 2016).

여섯째, 유아교사의 인성이 교사의 행복감에 어떠한 영향을 미치는지 살펴본 결과 유아교사의 인성은 교사의 행복감에 직접적인 영향을 미치는 것으로 확인되었다.

본 연구의 결과는 유아교사의 인성이 교사의 행복감에 직접적인 영향을 미친다는 연구(유주연·김순환, 2015)에서 윤리의식이 높은 교사가 행복감이 높은 것으로 보고하고 있는 연구와 일맥상통한다. 이는 교사의 행복감을 높이기 위해서는 교사의 인성을 높여야 함을 알 수 있다. 따라서 교사의 인성을 높일 수 있는 교육을 실시하여야 할 것이다.

일곱째, 유아교사의 인성과 교사-유아 상호작용 사이에서 매개변인인 교사의 행복감이 어떠한 영향을 미치는지 살펴본 결과 유아교사의 인성이 교사의 행복감을 통해 교사-유아 상호작용에 간접적으로 영향을 미치는 것으로 나타났다.

이는 인성의 개념을 윤리나 도덕 등으로 해석하는 관점에서 본다면 교사의 윤리의식과 행복감 간의 관계(정명자·최혜순, 2014)를 뒷받침한다. 따라서 교사를 양성할 때 인성교육을 중점적으로 실시하여 인성을 높여야 할 것이다.

여덟째, 유아교사의 인성과 교사-유아 상호작용 사이에서 매개변인인 교사의 공감 능력이 어떠한 영향을 미치는지 살펴본 결과 유아교사의 인성이 교사의 공감 능력을 통해 교사-유아 상호작용에 간접적으로 영향을 미치는 것으로 나타났다.

예비 유아교사의 공감 능력과 인성은 밀접한 관련이 있으며(최은아, 2016) 공감 능력은 인성을 함양하는데 많은 영향을 미치는 요인으로 나타났다(Ehrlich & Ornstein, 2012). 따라서 전술한 바와 같이 공감을 포함한 인성교육을 실시하여야 할 것이다.

2. 결론 및 제언

본 연구에서는 유아교사의 교사-유아 상호작용 간의 원인 변인을 규명하고자 교사-유아 상호작용을 결과 변인으로 하고, 원인 변인으로는 유아교사의 인성, 행복감, 그리고 공감 능력을 선정하여, 변인들 간에 어떠한 인과적 관련성을 가지는지를 알아보기 위해 선행연구 고찰을 토대로 교사-유아 상호작용과 관련 변인들 간의 직접적인 경로와 간접적인 경로를 설정하여 연구모델을 구성한 후 구조방정식 모델링을 실시하였다.

본 연구의 최종 연구모델에서 얻은 결과와 논의를 통해 얻어진 결론은 다음과 같다.

첫째, 유아교사의 일반적인 배경에 따른 인성은 성별, 결혼 여부, 기관 유형, 그리고 근무시간에서는 차이가 없었으나 연령, 최종 교육과정, 교육경력, 직위에서는 유의미한 차이가 있는 것으로 나타났다.

유아교사의 일반적인 배경에 따른 행복감 차이는 성별, 연령, 결혼 여부, 최종 교육과정, 교육경력, 직위, 기관 유형, 근무시간 모두에서 차이가 없는 것으로 나타났다.

유아교사의 일반적인 배경에 따른 공감 능력 차이는 성별, 연령, 최종 교육과정, 교육경력, 직위, 기관 유형, 근무시간 모두에서 차이가 없는 것으로 나타났다.

유아교사의 일반적인 배경에 따른 교사-유아 상호작용 차이는 연령, 최종 교육과정에서는 차이가 있는 것으로 성별, 결혼 여부, 교육경력, 직위, 기관 유형, 근무시간에서는 차이가 없는 것으로 나타났다.

둘째, 유아교사의 인성, 행복감, 공감 능력이 교사-유아 상호작용에 각각 직접적인 영향을 미치는 것으로 나타났다. 유아교사의 인성이 행복감, 공감 능력을 통해 교사-유아 상호작용에 간접적인 영향도 미치는 것으로 나타났다. 결과적으로 유아교사의 인성이 교사-유아 상호작용에 직·간접적으로 영향을 미침으로 교사-유아 상호작용을 향상시키는 요인으로 교사의 인성이 중요하다고 할 수 있다.

유아교사의 인성이 교사의 행복감, 공감 능력에 각각 직접적인 영향을 미치는 것으로 나타났다. 즉, 교사의 인성은 행복감과 공감 능력을 높여줄 수 있는 중요 요인이며 교사의 교수 행동과 수행능력을 긍정적으로 촉진할 수 요인이다.

유아교사의 행복감은 교사-유아 상호작용에 직접적인 영향을 미치는 것으로 나타났다. 유아교사의 인성이 교사의 행복감, 공감 능력을 통해 교사-유아 상호작용에 간접적인 영향도 미친다. 결과적으로 교사의 행복감은 교사-유아 상호작용에 직·간접적으로 영향을 미치므로 교사-유아 상호작용의 질을 높이는데 교사의 행복감이 중요한 요인이 된다고 할 수 있다.

유아교사의 공감 능력은 교사-유아 상호작용에 직접적인 영향을 미치는 것으로 나타났다. 유아교사의 인성이 공감 능력을 통해 교사-유아 상호작용에 간접적인 영향도 미친다. 결과적으로 유아교사의 공감 능력에 직·간접적 영향을 미치므로 유아교사의 공감 능력이 교사-유아 상호작용을 높이는데 중요한 요인이 된다고 할 수 있다.

이상의 결과를 종합해 보면, 교사-유아 상호작용의 원인 변인으로 선정했던 유아교사의 인성, 교사의 행복감, 교사의 공감 능력과 같은 개인 특성 변인은 교사-유아 상호작용을 기술·예측·설명하고, 통제할 수 있는 중요한 변인이었다. 또한 원인 변인 중에서 교사-유아 상호작용에 직접적인 영향력이 가장 큰 변인이 유아교사의 인성이며, 교사-유아 상호작용을 향상시키기 위해 교사들이 유아를 사랑, 이해, 존중, 신뢰하며 관심을 가지고 적극적인 경청과 무조건적인 사랑이 요구되며, 이를 위한 인성교육 프로그램, 교사 연수 등 실제적 방안이 마련될 필요가 있다.

본 연구는 연구 방법상 구조 회귀 모델링(Structural Equation Modeling)을 통한 종합적이고 통합적인 분석을 통해 교사-유아 상호작용에 영향을 주는 관련 변인들 간의 인과관계를 살펴보고, 이들 간의 직접 및 간접효과를 증명함으로써 교사-유아 상호작용에 대한 이해를 높인다는 점에서 가치가 있으며, 통계기법상 측정오차가 통제되어 연구의 신뢰도를 높임으로써 연구의 질을 높일 수 있다는 또 다른 가치를 지닌다.

본 연구의 한계점과 제언을 살펴보면 다음과 같다.

첫째, 본 연구에서는 경상북도에 소재한 55개소 유치원과 294개소 어린이집에 있는 유아교사로 연구 대상을 제한하였기 때문에 연구결과를 모집단의 전체 유아교사로 일반화하는데 어려움이 있을 수 있다.

둘째, 본 연구에서는 유아교사의 연구 변인들은 모두 자기 보고에 의한 방식으로 측정하였으므로 응답자의 주관성에 치우쳐 있다고 말할 수 있다. 이를 보완하기 위해 인터뷰를 병행하여 연구를 추진하는 등 보다 객관성 있는 자료를 취득하기 위한 심층적인 연구를 진행한다면 더욱 의미 있는 결과를 도출할 수 있을 것이다.

셋째, 유아교사는 다양한 원인으로 인해 만족을 못 느끼는 경우가 있다. 몸과 마음이 지치고 에너지가 고갈되면 평정심을 유지하기 어려울 뿐만 아니라 긍정적인 대처도 하지 않으려고 한다. 그러므로 유아교육현장에서는 유아교사를 대상으로 배려와 관심, 존중과 비전을 제시해 주고 영유아 발달에 긍정적인 영향을 줄 수 있도록 유아교사의 인성을 향상시켜 줄 수 있는 방안이 모색되어야 할 것이다. 또한 추후 연구에서는 유아교사를 대상으로 유아교사의 인성 계발을 위해 인간에 대한 폭넓은 이해를 바탕으로 한 인격체로서의 교사교육이 이루어져야 할 것이다.

[참 고 문 헌]

1. 국내문헌

가. 단행본

권석만(2008). 긍정 심리학: 행복의 과학적 탐구. 서울: 학지사.
권중돈(2010). 인간행동과 사회 환경. 서울: 학지사.
교육과학기술부(2010). 누리과정 지침서. 서울: 교육과학기술부.
남궁달화(1999). 인성 교육론. 서울: 문음사.
나정·임미령·박창현(2011). OECD가 선정한 5가지 유아교육과정. 경기: 공동체
문수백(2003). 학위논문 작성을 위한 연구 방법의 실제. 서울: 학지사.
______(2009). 구조방정식 모델링의 이해와 적용. 서울: 학지사.
______(2018). 구조방정식 모델링의 이해와 실제. 서울: 학지사.
박성희(1994). 공감, 공감적 이해. 서울: 원미사.
박성희(2004). 공감학: 어제와 오늘. 서울: 문음사.
박찬옥·구수연·이옥임(2012). 영아-교사 상호작용의 이론과 실제. 경기: 정민사.
법정·류시화 역(2006). 살아있는 것은 다 행복 하라. 경기: 조화로운 삶.
오세윤(2016). 공감으로 소통하는 공동체. 경기: 양서원.
우종옥(2010). 21세기 교육의 큰 두 개의 축. 파주: 교육과학사.
윤홍식(2013). 양심이 답이다. 서울: 봉황동래.
이계학·송재운(1998). 덕성 함양의 전통적 방법론. 성남: 한국 정신문화 연구원.
이기숙·장영희·정미라·엄정애(2008). 유아교육개론. 파주: 양서원.

이은혜·이기숙(1996). 유아교육 프로그램 평가 척도. 서울: 창지사.
이수경(2006). (어린이 인성교육을 위한) 자연명상 프로그램. 경기 : 양서원.
이화도(2014). 포스트모던 인문학적 사유와 유아교육. 서울: 창지사.
임재택(2008). 생태유아교육개론-제3판. 경기: 양서원.
틱낫한(2002). 화. 서울: 명진 출판.
정재운·김준규·노희선·박연희(2009). 보육학 개론. 서울: 공동체.
정재걸·홍승표·이승연·이현지·백진호(2014). 동양 사상과 마음교육. 서울: 살림터.
정혜신(2018). (정혜신의 적정 심리학)당신이 옳다. 서울: 해냄 출판사.
조난심(2003). 인성교육과 도덕과 교육. 서울: 문음사.
조명한·차경호(1998). 삶의 질에 대한 국가 간 비교. 서울: 집문당.
중앙보육정보센터(2006). 상호작용. 서울: 중앙보육정보센터.
최현석(2011). (인간의 모든)감정 : 우리는 왜 슬프고 기쁘고 사랑하고 분노하는가. 서해문집.
황금중·김선희·박원재·조경란·이숙인·백민정·한형조(2015). 한국문화전통과 배려의 윤리. 경기도: 한국학중앙연구원 출판부.

나. 연구논문

강민주(2010). 어머니의 부모 역할지능과 유아의 공감 능력 및 자기조절 능력과의 관계. 인제대학교 대학원 석사학위논문.
강인숙(2002). 교사 반응성 프로그램이 교사 및 유아의 상호작용에 미치는 효과. 동아대학교 대학원 석사학위논문.
강선미(2015). 어린이집 교사의 직무만족과 행복감에 따른 교사-유아 상호작용

연구. 군산대학교 대학원 석사학위논문.

강인숙·이희경(2016). 유아교사의 인성과 전문성 발달이 영유아 권리 존중 실행에 미치는 영향. 홀리스틱 교육연구, 20(4), 49-66.

강현미·박소윤(2017). 예비유아교사의 기본심리욕구와 인성이 행복플로리시에 미치는 영향. 한국보육지원학회 13(5), 93-109.

고경희(2017). 유아교사를 위한 공감 교육 프로그램 개발 및 적용. 성신여자대학교 대학원 박사학위논문.

고제순(2003). '생명의 사랑학'으로서의 철학. 철학연구, 85, 1-22.

고연경·장석영·이정아(2013). 예비 유아교사의 효능감과 인성 및 행복감 간의 관계 연구. 복지 상담교육연구, 2(1).

공병호·백승학(2017). 피양육경험이 양육 불안과 부모 만족에 미치는 영향-한·일 비교를 중심으로- 한국 일본 교육학 연구, 87-105.

곽희경(2011). 유아교사의 행복감 및 자아정체감과 교사 효능감, 교사-유아 상호작용의 관계. 전북대학교 대학원 박사학위 논문.

구미향(2017). 유아교사가 갖추어야 할 인성은 무엇인가? 유아교육·보육복지연구, 21(2), 127-154.

구선라(1999). 연령과 성별에 따른 교사-유아관계와 유아행동연구. 동아 대학교 교육대학원 석사학위논문.

권미성·문혁준(2013). 보육교사의 교사효능감 및 전문성 수준이 교사-유 아 상작용에 미치는 영향. 한국보육지원학회지, 9(4). 277-296.

권성민(2011). 유아교사에 대한 사회지지가 업무스트레스, 직무만족도, 소진 및 이직 의도에 미치는 영향. 열린유아교육연구, 16(5),313-333.

권영호(2007). 사회 인구학적 변인의 수준에 따른 교사의 행복도의 차이. 계명대학교 대학원 석사학위논문.

권정숙·유재경·조혜영(2016). 예비유아교사의 공감능력과 자아인식이 창 의·인성에 미치는 영향: 스트레스 대처방식의 매개효과. 유아 교육·보육 복지연구, 20(1), 79-105.

권은주(대원)(1994). 불전설화의 유아교육적 가치 탐색. -자타카(본생역)를 중심으로- 숙명여자대학교 대학원 박사학위논문.

김기철·신애선(2016).영아교사의 전문성, 민감성, 행복감과 영아-교사 상호작용의 관계 및 영향력. 한국보육학회지, 16(2). 57-82.

김경미(2017). 유치원 교사의 수업화법능력과 공감능력 및 유아의 의사 소통능력 간 관계. 삼육대학교 대학원 석사학위논문.

김도란·김정원(2008). 유아의 행복감과 부모의 행복감 간의 관계연구. 열린 유아교육연구, 13(6), 311-333.

김명소·김혜원·차경호(2001). 심리적 안녕감의 구성개념 분석: 한국 성인 남녀를 대상으로. 한국심리학회, 15(2), 19-39.

김명신(2017). 어린이집교사의 공감능력이 영유아와의 상호작용에 미치는 영향. 중앙대학교 사회개발대학원 석사학위논문.

김미라(2009). 중학생의 학업성취학력 지각과 공감능력이 심리적 안녕감과 친사회적 행동에 미치는 영향. 한양대학교 대학원 석사학위 논 문.

김미진·김병만(2012). 생태유아교육현장에서 경험하는 유아교사의 행복감에 관한 내러티브 탐구. 생태유아교육연구, 11(2), 29-55.

김민정(2016). 교사의 인성 및 자아탄력성과 유아의 공격적 행동에 대한 지도전략과의 관계. 덕성여자대학교 교육대학원 석사학위논문.

김민경(2011). 대학생의 가족 학대경험, 가족스트레스와 행복의 관계: 사회적 지지와 가족탄력성의 매개효과를 중심으로 가정관리학 회지, 29(6), 41-54.

김세곤(2016). 유아존중교육사상의 근간으로서의 동학. 동학학보, 40.

김순환·박선혜·남옥선(2014). 예비유아교사를 위한 교직인성 프로그램 개발 및 적용. 유아교육학논집, 18(2), 339-363.

김시연(2014) 유아교사의 행복감, 교직에 대한 열정, 직무만족도, 교사 효능감 및 교사-유아 상호작용 간의 구조분석. 광주여자대학교 대학원 박사학위논문.

김은주(2003). 생태유아교육의 사상체계 및 실천원리 연구. 부산대학교 대학원 박사학위논문.

김언경(2015). 교사-유아 상호작용의 동시성과 유아의 조망수용능력 및 대인문제해결능력 간의 관계. 이화여자대학교 대학원 박사학위 논문.

김선희(2017). 유아교사의 인성이 교사-유아 관계 및 상호작용에 미치는 영향. 서울교육대학교 교육대학원 석사학위논문.

김승일·차은주(2015). 인성교육 실행 기반 학교무용의 패러다임: 소통, 공 감, 치유. 한국체육학회지, 54(5). 663-676.

김정희(2014). 예비유아교사의 인성특성 및 유아인성교육에 대한 인식. 원광대학교 대학원 석사학위논문.

김영옥·장명림·유희정(2009). 유아인성교육 프로그램 개발 및 효과. 열 린 유아교육연구, 14(5): 297-324.

김영희·박지현·이은주(2008). "보육시설 평가인증이 보육교사의 보육 활 동 자료 활용 및 유아와의 상호작용에 미치는 영향" 지역사 회생활과학회, 19(3): 387-397.

김용조(1999). 초등학교 교사의 인성적 자질에 관한 연구. 대구교육대학교 논문집, 34, 429-458.

김정규·권낙원(1988). 수업 전문성 향상을 위한 교사 평가 준거의 이론 적 탐색. 학습자중심교과교육연구, 7, 1-20.

김태희(1998). 혼합연령집단과 단일 연령집단 간 교사-영유아와 영유아-영유아의 상호작용 유형 비교. 전남대학교 대학원 석사학위논문.

김홍순(2005). 청소년의 행복감에 영향을 미치는 성격 및 생활사건의 관계. 경기대학교 대학원 석사학위논문.

김효진(2017). 공감교실: 공감에 대한 유아교사의 이해. 유아교육학논집, 21(6), 127-158.

김혜리·조형숙(2013). 유아교사 효능감과 대인관계 스트레스가 행복감에 미치는 영향. 교육문제연구, 31(4), 275-292.

김혜순(2006). 유아의 만족지연능력 및 관련변인 연구. 경희대학교 대학 원 박사학위논문.

김혜순(2016). 유아의 공감능력과 리더십의 관계에서 유아의 만족지연 능력과 어머니 성취동기의 조절효과. 아동교육연구, 25(2) 65-85.

김혜원·김명소(2000). 우리나라 기혼여성들의 행복의 구조분석 및 주관 적 안녕감과의 관계분석. 한국심리학회지, 5(1), 27-41.

김희정·백영애·임유경(2017). 유아교사의 직무만족도와 교사 효능감 및 공감 간의 관계. 육아지원연구, 12(1), 53-72.

나 정(1991). 조망수용 및 비교능력과 참조적 의사소통과의 관계. 중앙 대학교 대학원 박사학위논문.

노은호(2013). 예비 유아교사의 교직 적·인성과 핵심 역량 비교 분석 연 구. 한국보육학회지, 13(3). 205-221.

류지한(2007). 고대의 쾌락주의. 철학논집, 4(50). 91-111.

마지순(2018). 유아의 배려행동에 미치는 공감능력과 대인관계형성능력 의 영향. 한국산학기술학회논문지, 19(5). 418-425.

민송이(1994). 탁아교사의 언어 유형에 따른 아동의 놀이실 유형, 연세대학교 대학원 석사학위논문.

민재철(2012). 유아체육교사의 행복감과 자아정체감이 교사효능감과 상 호 작용 및 직무만족에 미치는 영향. 계명대학교 대학원 박사학위 논문.

모연례(2014). 유아교사의 행복감이 교사-유아 상호작용에 미치는 영향. 인천대학교 교육대학원 석사학위논문.

박병기·김미애·이세현·권태순·김지영·이시은(2014). 유아교사의 행복 경 험: 여섯 교사의 내러티브 탐구, 유아교육학논집. 21(6). 127-158.

박성희(1996). 흄에 공감론에 대한 연구. 서울대학교대학원 석사학위논문.

박성혜(2015). 중등 예비교사들의 교직 인성과 설명 변인: 교사 영성을 중심으로. 학습자중심교과교육연구, 15(11).

박주미(2016). 영아교사의 인성 및 놀이교수효능감과 교사-영아 상호작용의 관계. 경남대학교 교육대학원 석사학위논문.

박진성(2015). 예비유아교사의 공감능력과 행복감에 관한 연구: 가족탄력 성을 중심으로. 미래유아교육학회지, 22(1), 97-118.

박진성·신현정(2017). 예비유아교사의 대인관계 능력에 대한 공감능력 과 자아탄력성의 영향. 유아교육학논집, 21(2), 215~236.

박창현·나정(2012). 유아교육기관, 교사 및 유아집단 특성에 따른 교사- 유아 상호작용 수준 분석. 한국보육지원학회지, 8(6), 99-125.

박정임(2017). 유아교육기관 중간관리자의 감성리더십과 유아교사의 소 진, 조직몰입 및 직무만족간의 구조적 관계. 동국대학교 대학원 박 사 학위논문.

방정주(2008). 중학교 담임교사의 행복이 학급학생들이 행복과 학교생활 적응에 미치는 영향. 계명대학교 대학원 석사학위논문.

박희숙(2017). 교사의 행복감과 공감이 교사-영유아 상호작용에 미치는 영향. 육아지원연구, 12(1), 117-133.

배성희(2009). 보육교사의 행복이 교사의 효능감과 직무만족도에 미치는 영향.

부산교육학연구, 22, 25-44.

배수희(2009). 교사의 행복감의 따른 교사효능감 및 직무만족도. 동아대학교 교육대학원 석사학위논문.

백경순(2011). 교사-유아 상호작용 관련 논문의 연구동향 분석. 어린이 문학 교육연구, 12(1), 223-240.

손진희(2008). 인성교육 참여가 청소년의 심리·사회·성숙에 미치는 영향. 중앙대학교 대학원 석사학위논문.

손은정(2016). 유아교사의 공감능력 및 정서표현성과 유아교사-부모 간 의사소통 수준과의 관계. 아주대학교 교육대학원 석사학위논문

손은경·유지은·김숙희·손혜경(2015). 유아교사의 인성에 따른 유아 인 성 교육의 인식 및 실태. 한국산학기술학회 논문지, 16(12), 15-26.

송미선(2014). 유아교사의 행복 관련 연구의 동향 분석. 어린이미디어 연구, 13(3), 149-169.

신원(2006). "고등학생의 행복과 학업적 자기효능감 및 진로 포부와의 관 계", 이화여자대학교 석사학위논문.

신은수·박은혜·조운주·이경민·유영의·이진화·이병호(2011). 유치원교원 핵심역량 구성 방향 탐색. 유아교육학논집, 15(5), 203-226.

심숙영·임선아(2018). 유아교사의 행복감과 교수효능감이 유아의 사회적 유능성에 미치는 영향: 교사-유아 상호작용 매개효과를 중심으로. 유아교육연구, 38(1), 319-339.

오승민(2012). 유치원 교사의 교사 효능감이 교사-유아 상호작용에 미치는 영향. 가천대학교 대학원 석사학위논문.

오재연·남민우·김경란(2015). 행복한 유아교사를 위한 인성교육 인증제 구축연구. 유아교육·보육복지연구, 20(2). 473-501.

우수경·서윤희(2016). 예비유아교사의 낙관성과 공감능력 및 의사소통 능력간의 관계. 열린 유아교육연구, 21(1), 367-384.

유연화(2005). "교사의 상호작용행동 유형에 따른 유아의 언어적 상호 작용 기능과 언어발달연구", 덕성여자대학교 대학원 박사학위논문.

유주연·김순환(2015). 유아교사의 통합적 인성함양 프로그램 개발 및 적용. 육아지원연구, 10(2), 137-165.

이경애(2010). 유아교사의 행복과 직무관련변인의 관계분석. 동의대학교 대학원 박사학위논문.

이경민·최윤정·이경애(2012). 유아교사의 행복과 역할수행능력과의 관계. 유아교육연구, 32(6), 509-523.

이경민·최윤정(2009). 유아교사의 행복, 강점, 직무만족의 관련성 탐색 연구. 유아교육연구, 29(3). 215-235.

이미란(2010). 영유아교사의 행복감과 교사헌신의 관계연구. 건국대학교 교육대학원 석사학위논문.

이선미(2014). 초등학교 일반교사와 특수교사의 공감능력, 정서 상태, 직무 만족도차이 분석. 경희대학교 교육대학원 석사학위 논문.

이선영(2006). 교사와 상호작용 행동과 영아의 사회 정서적 행동 간의 관계. 성신여자대학교 대학원 석사학위논문.

이순복(2009). 창의적 교사 역할 및 교사-유아관계가 상호작용적 또래 놀이에 미치는 영향. 아동교육연구, 18(2). 151-163.

이수경(1982). 어린이 인성계발을 위한 조형놀이 프로그램 개발연구. 이화 여자대학교 대학원 석사학위논문.

______(1994). 국민 학교 저학년 교육을 위한 미술적 접근 프로그램 개발 연구. 서울여자대학교 대학원 박사학위논문.

______(2016). 명상과 미술중점 예술놀이를 통한 교사 인성교육 프로젝트 연구. 조형교육, 59. 189-231.

이수정·안신호(2005). 행복이란 무엇인가? 행복에 관한 연구 개관. 심리 과학연구, 4, 123-143.

이순옥·송주연·박수경(2018). 유아교사의 공감능력과 자아탄력성이 유아 문제행동 지도 전략에 미치는 영향. 유아교육·보육복지연구, 22(3), 261-285.

이숙자·공병호·성영화(2011). 교사-유아 상호작용과 보육교사 변인간의 관계. 한국보육학회지, 11(1), 1-18.

이윤경·김여경(2004). 교사-아동 상호작용 유형과 영유아교육 프로그램 질과의 관계. 유아교육연구, 24(4), 55-73.

이은영(2015). 공감의 교육학적 의미 연구: 학교폭력에서 인성교육을 위한 공감의 의미를 중심으로. 교육문화연구, 21(1), 5-27.

이은주(2010). 유아행복 척도 개발연구. 성균관대학교 대학원 박사학위 논문.

이인경(2014). '호모 엠파티쿠스(Homo empathicus)'를 찾다. 공감 담론에 기초한 인성교육 시론. 교양교육연구, 8(1), 311-342.

이화도(2007). 포스트모더니즘, 교육, 그리고 유아교육. 아동교육연구, 16(4), 211-221.

이혜련·최보미·강호수(2018). 교사-유아 상호작용과 교사의 행복감이 교 수 효능감에 미치는 영향. 인문사회 21, 9(3).

이혜진·이수경(2016).국내 아동심리치료의 최근 동향-학회지 게재논문 (2009~2013)을 중심으로-. 불교 상담학연구, 8, 111-140.

이혜진·이수경(2017). 유아교사의 유아양심에 대한 인식과 그 의미. 유아교육·보육복지 연구, 21(4), 251-280.

이혜원·임수진(2007). 유아교사의 교수지식에 영향을 미치는 교사변인 (반성적 사고, 정서적 적응성, 동기부여)에 관한 연구, 유아교육 연구, 27(4). 401-418.

이정숙(2003). 교사경력과 유아연령에 따른 교사-유아 상호작용. 계명대학교 대학원 석사학위논문.

이정금·김성숙(2017). 유아교실에서 교사 상상력에 관한 경력유아교사들의 이해. 유아교육학 논집, 21(1). 35-62.

이주원(2014). 어린이집교사의 인성 및 감성지능과 교수효능감이 직무 스트레스에 미치는 영향. 수원대학교 교육대학원 석사학위논문.

이훈구(1997). 한국인의 긍정적 정서. 한국심리학회지, 6(2), 45-60.

임수진·여은진·이혜원(2013). 영유아 교사의 직무만족, 교사효능감, 조직 몰입이 행복에 미치는 영향에 대한 연구. 유아교육연구, 33(3), 301-318.

전병성(2003). 공감과 이타행동과의 관계. 충남대학교 대학원 석사학위 논문.

전재선·최종욱(2010). 예비유아교사의 인성교육프로그램 개발을 위한 기관 요구조사. 한국유아교육학회, 정기학술대회 포스터논문, 415.

전재선(2011). 유아교사 인성 자기평가도구 개발 및 타당화 연구. 성균관대학교 대학원 박사학위논문.

전재선·최종욱(2012). 유아교사 인성 자기평가도구 개발에 관한 연구. 한국보육학회지, 12(1), 149-174.

전재선(2013). 예비유아교사 인성교육 프로그램 모형개발. 한국보육학회지, 13(4). 305-327.

정다우리(2013). 어린이집 교사의 행복감, 관심사 및 교사인성과 교사-유아 상호작용과의 관계. 한국영유아보육학, 81, 49-70.

정덕희(2010). 유아의 조망수용능력과 교사 및 또래관계에 관한 연구. 미래유아교육학회지, 17(3), 239-257.

정명자(2016). 유아교사의 인성 및 교사효능감과 행복감 간의 관계 분석. 가천대학교 대학원 박사학위논문.

정명자·최혜순(2014). 보육교사의 윤리의식과 행복감에 관한 연구. 한국영유아보육학, 88. 21-39.

정미조(2009). 교사가 인식한 영아 교사 관계와 놀이시 나타난 영아 교사 및 영아 또래 상호작용. 이화여자대학교 대학원 석사학위논문.

정보미(2012). 대학생의 행복감 수준에 따른 행복증진활동 유형 및 필요성 인식 차이. 계명대학교 대학원 석사학위논문.

정선미(2016). 보육교사의 감정노동이 이직의도에 미치는 영향 : 소진의 매개효과와 공감능력의 조절효과 중심으로. 조선대학교 대학원 박사학위논문.

정인경(2012). 고등학생의 심리적 변인 및 가족 변인과 공감능력 전남대학교 대학원 석사학위논문.

정은숙·이성희(2017). 유아교사의 공감능력과 유아 문제행동 지도와의 관계. 정기학술대회 논문집, 231-231.

정재걸(2018). [정재걸 교수의 오래된 마음교육]공감의 뿌리. 영남일보. http://www.yeongnam.com/

정창우·손경원(2012). 도덕과 수행평가의 실행 진단 검사도구 개발과 타 당화 연구. 윤리교육연구, 27. 105-134.

정혜영(2004). 교사 관련 은유에 관한 연구. 교육과학연구, 35(1). 59-71.

조난심(2004). 제7차 도덕과 교육과정의 특징과 개선 방향-도덕과 교육과정 개정에 대한 반성적 고찰. 교육과정연구, 22(1), 1-18.

조다혜(2015). 유아교사의 직무만족도와 교수효능감이 행복감에 미치는 영향. 광주대학교 대학원 석사학위논문.

조설희(2005). Rotter와 Glasser의 내외통제성이 청소년의 정신건강과 심리적 및 주관적 안녕감에 미치는 상대적 영향. 계명대학교 교육대학원 석사학위논문.
조주원·전유영(2017). 유아교사의 인성과 전문성 인식의 관계 분석. 열린 유아교육연구, 22(5), 275-303.
조준오(2014). 유아의 정보윤리의식과 인터넷 게임중독 경향성에 영향을 미치는 변인들 간의 구조관계분석. 부산대학교 대학원 박사학위 논문.
조진영(2009). 행복한 어머니 되기 훈련 프로그램 개발 및 효과. 전북대학교 대학원 박사학위논문.
주영희(1999). 인성교육의 심리적 접근. 인천교육대학교 학생생활연구소 대학생활연구, 11(1), 105-132.
지성애·정하나(2015). 유아 공감교육에 대한 교사의 인식과 실태. 유아 교육 연구, 35(3), 101-126.
차경명(2013). 인성교육 개념의 재구조화 방안 연구. 서울대학교 대학원 석사학위논문.
차성현(2012). 인성교육 개념의 재구조화. 제53차 KEDI 교육정책포럼, 연구자료, 2012-07, 3-24.
차혜정·송승민(2017). 교사의 공감능력과 유아의 또래 유능성간의 관계 에서 교사-유아관계의 매개효과 연구. 한국보육지원학회지, 13(6), 1-20.
천성문(2014). 유아교사의 성격강점과 행복감과의 관계에서 교사효능감의 매개효과. 한국자료분석학회, 16(5). 2623-2637.
천향숙(2010). 교사와 유아가 지각하는 교사-유아 관계 및 관련변인 분석. 서울여자대학교 대학원 박사학위논문.
천향숙·조은진(2011). 교사와 유아가 지각하는 교사-유아관계 및 관련 변인 분석. 아동학회지, 32(4), 167-183.
최미곤·황인옥(2016). 보육교사의 인성과 직무만족도가 교사-영유아 상호작용에 미치는 영향. 사회과학담론과 정책, 9(2), 169-197.

최미애(2000). 유치원 교사-유아의 상호작용에 영향을 미치는 제 변인에 관한 연구. 이화여자대학교 교육대학원 석사학위논문.

최민수·남유선(2015). 전통놀이 신체활동이 유아의 행복감 및 인성에 미치는 영향. 생태유아교육연구, 14(3), 243-261.

최선미(2016). 유아교사의 인성이 사회적 관계에 미치는 영향. 경기대학교 교육대학원 석사학위논문.

최선미·부성숙(2017). 유아교사의 인성과 사회적 관계의 관련성 연구. 육아지원연구, 1(12), 5-27.

최선희(2009). 교사유아 간 상호작용과 유아 부적응 행동 간의 관계. 경기대학교 대학원 석사학위논문.

최지민(2015). 초등교사의 공감능력과 정서표현성이 교사 부모 간 의사소통 수준에 미치는 영향 : 대인관계유능성의 매개효과를 중심으로. 고려대학교 교육대학원 석사학위논문.

최일선(2008). 유아교사의 자아개념과 인성개발 효능감의 관계. 유아 교육·보육복지연구, 13(2). 219-237.

최영옥(2011). 교사의 다차원적 완벽주의 성향에 따른 사회적 문제해결 능력, 직무스트레스 및 행복 간의 관계분석. 경성대학교 대학원 박사학위논문.

최윤정(2009). 유아교사의 행복증진 프로그램 개발연구(Seligman의 강점을 중심으로). 성균관대학교 대학원 박사학위논문.

최윤정·이경민(2012). 유아교사의 행복교육 프로그램 개발 기초연구. 유아 교육연구, 32(1), 395-415.

최연정(2016). 보육교사의 공감능력과 정서표현성이 교사와 영유아간 상호작용에 미치는 영향. 인천대학교 교육대학원 석사학위논문.

최은아(2016). 예비유아교사의 사회 인구학적 요인, 공감, 교직윤리의식이 인성에 미치는 영향. 학습자중심교과교육연구, 16(1), 821-846.

최자은(2016). 학령기 아동의 주관적 안녕감과 관련변인들 간의 관계 구조분석. 대구가톨릭대학교 대학원 박사학위논문.

최해주·문수백(2013). 보육교사의 직무만족도, 원장의 변혁적 지도성, 그리고 부모-교사 협력관계와 교사-유아 상호작용간의 관계구조 분 석. 미래유아교육학회, 20(3), 69-88.

하영례·김은경(2013). 공감적 교사 훈련프로그램에 참여한 보육교사의 이해와 행동의 변화 분석. 유아교육학논집, 17(5), 267-289.

허선자(2006). 공감훈련이 교사의 공감능력과 교사-학생 간 갈등관리 방식에 미치는 효과. 한국교원대학교 대학원 석사학위논문.

허수윤·서현아(2014). 예비유아교사의 자기표현과 스트레스 대처방식이 인성에 미치는 영향. 한국보육지원학회지, 10(2), 5-19.

홍지명(2015). 유아교사의 행복감 및 자아탄력성과 교사-유아 상호작용간의 관계 연구. 인문사회 21, 6(3), 591-607.

황금중(1994). 노자의 도와 플라톤의 이데아의 교육철학적 비교연구. 연세대학교 대학원. 석사학위논문.

______(2000). 주자의 공부론. 연세대학교 대학원 박사학위논문.

______(2004). 마음교육론의 학문적 성격과 전망. 교육학연구, 42(4). 1-33.

______(2010). 화랑도 교육의 공간, 산수(山水) : 교육공간으로서의 자연. 교육사상 연구, 24(2), 171-197.

______(2012). 잊혀진 교육전통, 전심(傳心): 주자학과 불교의 심법(心法) 전승 전통과 교육. 교육 사학연구, 22(2), 113-148.

______(2010). 지속가능한 미래를 위한 마음교육. 교육철학연구,49. 199-228.

______(2016). 퇴계의『성학십도』로 본 인성교육의 의미와 원리, 퇴계학 논집, 19. 83-126.

황인호·장성화(2012). 교사의 심리적 안녕감, 공감능력, 직무효율성이 직무 만족도에 미치는 영향. 한국컨텐츠학회, 12(2), 232-242.

황종귀(2017). 보육교사의 행복감, 자기효능감과 교사-유아의 상호작용 간의 관계. 유아교육·보육복지연구, 21(3), 7-25.

황희숙·강승희(2005). 예비 유아교사의 사고양식 및 성격유형과 창의적 인성과의 관계. 열린유아교육연구, 10(2). 131-150.

황해익(2013). 유아교사의 행복감과 교사효능감의 관계에서 직무만족도 의 매개효과. 생태유아교육연구, 12(2). 157-180.

황해익·탁정화·홍성의(2013). 유치원교사의 회복탄력성, 교사효능감 및 직무만족도가 행복감에 미치는 영향. 유아교육학논집, 17(3), 411-432.

2. 외국문헌

Amold. D. H., McWilliams. L., and Amold, E. H.(1998). “Teacher discipline and child misbehavior in daycare: Untangling causality with correlational data”. Developmental Psychology *34*: 276-287.

Arbeau, K. A. & Coplan R. J. (2007). Kindergarten teachers'beliefs and responses to hypothetical prosocial, asocial, and antisocial children. *Merrill-Palmer Quarterly, 53(2), 291-318.*

Aristotle. (2008). Ethice Nicomachea. 조대응(역). 니코마코스 윤리학. 서울: 돋을세김.

Breeman, L. D., Wubbles, T., van Lier, P. A. C., Verhulst, F. C., van der Ende, J., Maras, A., Hopman, J. A. B., & Tick, N. T. (2015). Teacher characteristics, social classroom relationships, and children's social, emotional, and behavioral classroom adjustment in special education. Journal of School Psychology, 53, 87-103.

Barker, C., & Martin, B. (2009). Dilemmas in teaching happiness. Journal of University Teaching & Learning Practice, 6(-), 1-14.

Barnett, M, A.(1982). Empathy and prosocial behavior in children.

Review of human development. 316-326.

Bryant, B. K. (1982). An Index of empathy for children and adolescents, Child Development, 53, 413-425.

Chandler, D.(1974). Translational and rotational diffusion in liquids. I. Translational single-particle correlation functions. The Journal of Chemical Physics, 60(9): 3500-3507.

Dalai Lama & Howard C. Cutler.(1988). The Art of Happiness. 류시화 (역). 달라이라마 행복론, 서울: 김영사.

Day, D., & Sheedan, R. (1974). Elements of a better preschool. Young Children, 30, 15-23.

Davis, M. H.(1980). A multidimensional approach to individual differences in empathy. JSAS Catalog of Selected Documents in Psychology. 10: 2-19.

Denham, S. A., Bassett, H. H., & Zinsser, K. (2012). Early Childhood Teachers as Socializers of Young Children's Emotional Competence. Early Childhood Education Journal, 40, 137-143.

Deutsch, F., & Madle, R. A.(1975). Empathy L Historic and current conceptualization, Measurement and a cognitive theoretaical perspective. Juman Development, 18(4): 267-287.

Duan, C., & Hill, C.E.(1996). The current state of empathy research.

Journal of Counseling psychology, 43(3): 261-274.

Diener, E. (1984). Subjective well-being. Psychlogical Bulletin, 95. 42-575.

Diener, E., Suh, E. M., Lucas, R. E,. & Smith, H. L. (1999). subjective well-being three decades of progress. Psychological Bulletin, Vol 125(2), 276-302.

Ehrlich, R. P., & Ornstein, R(2012). 공감의 진화. 고기탁(역). 서울: 에이도스

Gage, N., & Berliner, D.(1998). Education Psychology(2nd ed.). Boston, MA: Houghton Miffin.

Goleman, D. (1996). 감성지능 [Emotional Intelligence] 황태호 역. 서울: 비전 코리아.(원전 1995 출판)

Gordon, M. (2010). 공감의 뿌리 [Root of Empathy] 문희경 역. 서울: 샨티. (원전 2005 출판)

Hamachek(1992). Encounters with the self. (4th ed). New York :Harcount Brace.

Hamre, B., Pianta, R., Downer, J., & Mashburn, A. (2008). Teachers' perception of conflict with young student: Looking beyond problem behavior. Social Development, 17(1), 115-136.

Hestense, L., Kontos, S. & Bryan, Y. (1993). Children's emotional expression in childcare centers varying in quality. Early Childhood Research Quarterly, 8, 295-303.

Hoffman M. L.(1976). Developmental synthesis of affect and cognition and its implications for altruistic motivation. Developmental Psychology, 11. 607-622.

Hoffman M. L.(1987). The contribution of empathy to justice and moral judgement. In N. Eisenberg, & J. Strayer(Eds), Empathy and its development. Cambridge: Cambridge Univ. Press

Holloway, S. D., & Rechhart-Erikson, M. (1988). The relationship of daycare quality to children free-play behavior and social preblem solving skills. Early Childhood Research Quarterly, 3, 39-53.

Howes, C (1997). Children's Experiences in Center-Based Child Care as a Function of Teacher Background and Adult : Child ratio. *Merrill-Palmer Quarterly,* 43(3), 404-425.

Howes, C., & Smith, E.(1995). Relation Among Child Care Quality, Teacher Behavior, Children's Activity in Child Care. Early Childhood Research Quarterly, 10, 381-404.

Katz ,L,G.(1995). Talks with teachers of young children. Norwood, NJ:Ablex.

Kohut, H.(1982). Introspection, empathy and the semi-circle of mental health, The Internationl Journal of Psycho-Analysis, 63: 395.

Kontos, S., & Fiene, R. (1987). Child care quality, compliance with regulation, and children development: The Pennsylvania study. In D. A. Philips (Ed.), Quality in child care; What does research tell us? Washington, DC: NAEYC.

Kontos, S., & Wilcox-Herzog. A. (1997). Teachers Interactions with

Children: Why are they important?. Young Children, 52(2), 4-12.

Kruif, E. L., Mcwilliam, R. A., & Radlerz, S. M. (2000). Classification of teacher's interation behavior in early childhood classroom. Early childhood Research Quarterly, 15, 247-268.

La Monica(1981). Research in Nursing & Health, 4(4): 389-400.

Lickona, Y. (2006). Character Matters. 인격교육의 실제. 유병렬, 서강 식, 김태훈, 김항인(역). 파주: 양서원.

Lyubomirsky, S. (2008). The how of happiness: A scientific approach to getting the life you want. 오혜경(역). 행복도 연습이 필요하다. 서울: 지식 노마드.

Mashburn, A., Hamre, B., Downer, J., & Pianta, R (2006). Teacher and classroom characteristics associated with teachers'ratings of prekindergartners' relationships and behaviors. Journal of Psychoeducational Assessment, 24(4), 367-380.

McGovern, T. V., & Miller, S. L. (2008). Integrating teacher behaviors with character strenfthsand virtues for faculty development. Teaching of Psychology, 35(4), 278-285.

Mead, G. H. (1934). Mind, self and society. Chicago : University of Chicago Press.

Mehrabian, A., & Epstein, N. (1972). A measure of emotional empathy. Journal of personality, 40(4), 525-543.

Miller, P., & Kim, K. (1988). Human nature and the development of Character: The clash of descriptive and normative elements in John Stuart Mill's educational theory. Journal of Educational Thought,

22(2), 133-144.

Miller, J.(1993). Learning from early relationship experience. InS.Duck(Series Ed.) Understanding relationship process: 2.Learning about-110 relationship (1-29). Newbury Park, DO:Sage.

Noddings, N. (2003). Happiness and education. 이지현, 김선, 김희봉, 장정훈 (역). 행복과 교육. 서울: 학이당.

Noddings, N. (2006). Critical Lessons: What Our School Should Teach. NY; Cambridge University Press.

Piaget, J.(1932). The moral development of the child. Kegan Paul.

Redmond, M. V.(1989). The function of empathy(decentering) in human relations. Human Relations, 42(7): 593-605.

Rogers. C. R.(1957). The necessary and sufficient conditions of therapeutic personality change. Journal of Consulting Psychology. 21(2): 95-103.

Rogers. C. R.(1959). A theory of therapy, Personality and interpersonal relationships as developed in the client-centered framework. In S.Kpch(Ed.) Psychology: a study of a science, vol Ⅲ: Formulations of the person and the social entext. 1(3): 184-256.

Rosenthal, H. G., & Hollis, J.W. (1994). help yourself to positive mental health. Muncie, IN: Accelrated Development.

Ryff, C.D.(1989). "Happiness is everything, or is it? Exploration on the eaning of Psychological Well-being". *Journal of Personalityand Social Psychology, 57*, 1,069-1,081.

ScoffhamS., & Barnes, J.(2011) Towards a pedagogy of happiness and wellbeing. The Curriculum Journal, 22(4), 535-548.

Scott, U. S.(2010). Teacher empathy and its impact on bullying in schools Unpublished doctor dissertation. Tennessee State University. Tennessee.

Selmon. R. L.(1971). Taking Another's Perspective: Role-Taking Development in Early Childhood, Child Development, 42(6): 1721-1734.

Seligman, M. E. P, (2002). Authentic happiness : Using the new positive psychology to realize your potential for lasting fulfillment. 김인자, 우문식(역). 긍정심리학. 경기도: 물푸레.

Seligman, M. E. P., Park, N., & Peterson, C. (2004). The values in action (VIA)classification of character strength. Ricerche di Psicologia Special Positive Psychlolgy, 27, 63-78.

Spodek, B., Saracho, O. N., & Davis, M. D. (1985). Foundationa of early childhood education. Englwood Cliffs; Prentice-Hall Inc.

Tait, M., Padgett, M. Y., & Baldwin, T. T. (1989). Job satisfaction and life satisfaction: a reexamination of the strength of the relationship and gender effects as a function of the date of the study. Journal of Applied Psychology, 74, 502-507.

Vandell, D.., Henderson, V., & Wilson, K. (1988). Longitudinal study of children with day care experience varying quality. Child Development, 59, 1286-1292.

Veenhoven, R. (1991). Is a happiness relative? Social Indicators Reserch, 24, 1-34.

Wittmer, D. S., & Petersen, S. H. (2006). Infant and toddler development and responsive program planning. NJ: Prentice-Hall.

Wollfok, A. (1998). Educational psychology (6th ed.). Boston, MA: Allyn Bacon.

Wynne, E., & Walberg, H.(1984). Developing character: Transmitting knowledge. Posen, IL: ARL.

3. 기타

국가법령정보센터, http://www.law.go.kr.

국립국어원 표준국어대사전, http://stdweb2.korean.go.kr.

유아교사의 인성증진을 위한 마음교육

인 쇄 **2024년 2월 25일**

발 행 **2024년 2월 29일**

저 자 **이 혜 진**

발행처 도서출판 **인공연못**

경주시 현곡면 금장1길 38, 101호

160-97-00582

Tel. 054-741-4595

jucom44@naver.com

ISBN 979-11-85821-04-7

값 15,000원

※ 잘못된 책은 바꿔드립니다.